文庫

# 居酒屋の誕生

## 江戸の呑みだおれ文化

飯野亮一

筑摩書房

# はじめに

江戸に幕府が開かれると、新興都市江戸には、参勤交代で出仕する武士のほか、たくさんの人が集まってきた。その多くは男性で、江戸は男性都市としてスタートした。町には早くから酒を売る酒屋ができ、やがて煮物などを売る煮売茶屋が現われてきた。酒屋や煮売茶屋では、客に酒を飲ませていたが、あくまでもそれは本業ではなかった。それに対し、客に店で居酒をさせることを本業にする店が現われてきた。それが居酒屋である。

居酒屋が江戸の町に出現すると、江戸という特殊性を持った都市のなかで、居酒屋は非常な発展を遂げ、今から二〇〇年前には、飲食店のなかで、一番多い業種に成長していた。居酒屋は江戸の市民社会のなかで、重要な役割を担っていたことになる。

それにもかかわらず、これまで、江戸の料理や食生活などについて書かれたものは多数出版されているが、居酒屋をテーマにして書かれたものが見あたらないのは不思議だった。

居酒屋について言及されていても、概略的な説明だったり、断片的に記されているにすぎない。また、居酒屋の実情が正しく伝えられていないものもよく見かける。

そこで居酒屋をテーマにした本を書いてみようと思い立ち、史料集めに取り組んできた。やってみると、江戸の庶民生活を対象にした史料はそれほど多くなく、なかなか思うようにははかどらず、数年の歳月を費やしてしまった。悪戦苦闘はしたが、一方では、江戸の居酒屋について、今とは異なる発見があったり、誤解していたことに気づいたりして結構楽しみながら作業を進めることができた。

ところで読者のみなさんは、江戸時代の居酒屋に対して、どのようなイメージをお持ちだろうか？

・暖簾《のれん》は縄暖簾と決まっていた
・朝早くから営業していた
・土間には食卓が置かれ、客は醤油や酒の空き樽に腰かけて酒を飲んでいた
・鳥や豚などの獣肉はタブーだった
・刺身などはまだ食べられていなかった

・客は燗酒を徳利と猪口で飲んでいた
・女性の店員がサービスしていた
・お通しを出す制度がすでにあった
この答えはこれからじっくりお読みいただくことにしよう。

本書では、史料に基づいて江戸の居酒屋の発展していく過程を描き出してみた。また、挿絵や川柳を多用して、その過程を視覚的・聴覚的にとらえていただくことを心掛けた。江戸時代にタイムスリップするような気分で江戸の居酒屋文化を楽しんでいただければと願っている。

なお、引用した文や句については、適宜、句読点を付し、漢字に読み仮名、送り仮名をほどこし、仮名を漢字に、片仮名を平仮名に書き改めたりした。仮名遣いについては、いわゆる歴史的仮名遣いと異なる場合もあるが、引用元の表記に従った。また、引用に際しては省略・意訳・現代語訳したものもある。

俳諧・雑俳・川柳の下には出典を示したが、頻出する『川柳評万句合勝句刷《せんりゅうひょうまんくあわせかちくずり》』の句については「万句合」、『誹風柳多留《はいふうやなぎだる》』の句については「柳」と略記した。

目次

# 居酒屋の誕生　江戸の呑みだおれ文化

# 序　江戸の居酒屋の繁盛

## 1. 広重の描いた居酒屋

ここに江戸の居酒屋の繁盛ぶりを伝える一枚の絵がある。『宝船桂帆柱《たからぶねかつらのほばしら》』（文政十年・一八二七）という絵本に載っている「居酒屋《ゐざかや》」の絵で、「あきないの酒《さけ》は愁《うれい》の玉箒《たまはばき》　はきよするほど　たまる金銀《きんぎん》」の狂歌がそえられている（図1）。絵を描いたのは歌川（安藤）広重、狂歌の作者は十返舎一九《じっぺんしゃいっく》である。絵を眺めると、主人が右手にチロリを提げ、左手に酒の肴（鍋物）を持って客席に向かっている。チロリとは、酒を燗する筒型の容器で、蓋が付いていて、上部に酒の注ぎ口がある。多くは銅製で、後に錫製のものも出来た。

壁にもチロリがズラリとぶら下がり、居酒屋の特徴をよく表している。居酒屋で

図1　居酒屋の店内。チロリを沢山描き、居酒屋の繁盛ぶりを表している。『宝船桂帆柱』（文政10年）

はこのようにチロリで燗をしてそのまま客に出していた。棚の上には料理が並んでいる。

北宋の詩人・蘇《そ》東坡《とうば》（蘇軾《そしょく》　一〇三六～一一〇一）は、友人から贈られた「洞庭春色」という美酒（みかん酒）を讃えて「応《まさ》に詩を釣る鉤《つりばり》と呼び、亦《また》愁を掃《はら》う帚《ほうき》と号《ごう》すべし」（「洞庭春色詩」）と詠んだ。そこから「酒は愁《うれ》いの玉箒《たまははき》」（酒は心の愁いを掃き去る美しい箒《ほうき》）という諺《ことわざ》が生まれた。

一九の狂句はこの諺のパロディーで、「居酒屋が商う酒は心の愁いを掃き寄せる箒で、憂さを晴らすためにやって来る客を掃き寄せれば寄せるほど、居酒屋は金がたまる」、といった意味になる。ちなみに、豚の角煮を東坡肉《とうばにく》（中国語でドンポーロウ）というが、これは蘇東坡が好んだところから生まれた名と伝えられている。

作者の一九は、この頃にはすでにヒット作『東海道中膝栗毛』（弥次さん、北（喜多）さんの江戸から京都までの旅行記）を生み出して売れっ子作家になっていた。一九は天保二年（一八三一）に六七歳で没しているので、この句は酒好きだった一九の晩年の作品になる。

一方、広重がこの絵を描いたのは三一歳のときだが、まだこの頃は無名の時代だった。その後、天保四年から五年にかけて「東海道五拾三次之内」シリーズの浮世絵を発表して、風景画家としての名声を博するようになるが、広重は『東海道中膝栗毛』がきっかけとなって「五十三次」を描き始めた、といわれている。「五十三次」を生み出す前、広重がこのような絵を描いて、一九と共作しているのは興味深いものがある。

この一枚の絵は、心の憂さを晴らすためにやってくる客を集めて繁盛している居酒屋の様子を今に伝えている。

## 2. 一八〇八軒もあった居酒屋

実際、『宝船桂帆柱』が出版された頃の江戸の町には、多数の居酒屋があって繁盛していた。今から二〇〇年ほど前の文化八年（一八一一）に行われた調査による と、江戸の町には一八〇八軒もの「煮売居酒屋」（居酒屋）があった。これは、町奉行所の求めに応じて町年寄《まちどしより》（江戸の町名主を統括した町役人）が、江戸の「食類商売人」の数を業種別に調査して差し出した報告書による数字である（『類集撰要』四四）。業種別では、居酒屋が一番多い。当時の江戸の人口は約一〇〇万人と推定されているので、五五三人に一軒の割合で居酒屋が存在していたことになる。

今の東京にも居酒屋は多い。総務省統計局の「事業所・企業統計調査報告」（『外食産業統計資料集』二〇〇九年）によると、平成十八年（二〇〇六）における東京の「酒場・ビアホール」数は二万三二〇六軒となっている。この「酒場・ビアホール」には「大衆酒場・焼鳥屋・おでん屋・もつ焼屋・ビアホール」が含まれているので、江戸の居酒屋に相当するものと考えられる。「酒場・ビアホール」の数は江戸の居酒屋の一三倍にも増えているが、人口比で比べると、平成十八年の東京の人口は一二六六万人なので、五四六人に一軒の割合で「酒場・ビアホール」が存在していることになる。二〇〇年前が五五三人に一軒、今が五四六人に一軒と、数字がほとんど同じなのには驚かされる。二〇〇年前の江戸の町には、今の「酒場・ビアホール」と同じような人口比率で居酒屋が繁盛していた。

この頃に出版された「江戸の華名物商人ひやうばん」(文化十二年)という飲食店の番付には、料理屋・菓子屋・餅屋・蕎麦屋・すし屋など二五業種、合計一五九軒の飲食店がランク付けされているが、この中には六軒の居酒屋の名がみられる(図2)。二〇〇年前には居酒屋の名店も現われていた。

文化年間(一八〇四〜一八)には居酒屋が著しい発展を遂げていたが、江戸の町に居酒屋が現われるのはそれほど早いことではなく、十八世紀中頃のことになる。それからわずか五〇年位の間に、居酒屋は飲食業界トップの業種に成長したことになる。

それを可能にしたのは何なのか。江戸でなぜ居酒屋が繁盛したのか。などについてこれから話を進めてみたいが、まずはじめに、居酒屋が生まれてくるまでの背景を辿ってみることにする。

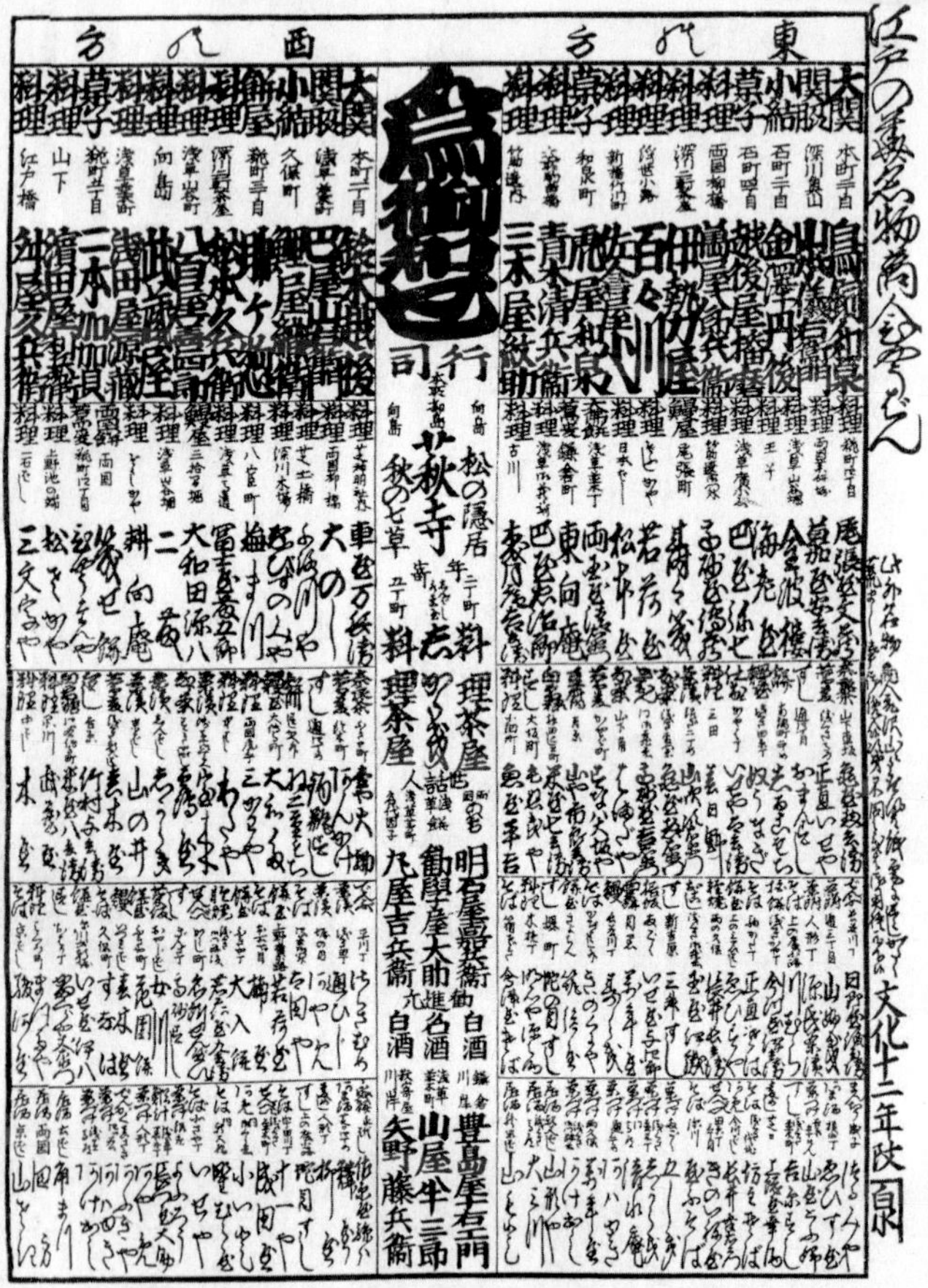


図２　江戸の飲食店の番付。上位には料理屋や菓子屋が並んでいる。一番下の東西に三軒ずつ「居酒」の店が見える。「江戸の華名物商人ひやうばん」（文化12年）

# 一　酒屋ではじまった居酒

## 1. 早くからあった酒屋

慶長八年（一六〇三）に徳川家康が征夷大将軍になり、江戸に幕府が開かれると、江戸は幕府の城下町として急速に大都市に発展した。江戸には各地から人々が集まってきたが、その多くは男性で酒の需要は高かった。江戸初期の寛永年間（一六二四～四四）ころの江戸の賑い振りを描いた『江戸図屛風』には、神田の町筋のところに、酒林（後述）を軒先に掲げた三軒の酒屋が見える（図3）。江戸の町には早くから酒屋が店開きしていたことがわかる。

酒屋はここにみられるように、酒林を軒に掲げて看板代わりにしていた。

○「目ぞかよふ雪の朝の酒はやし」（江戸新道、延宝六年・一六七八）

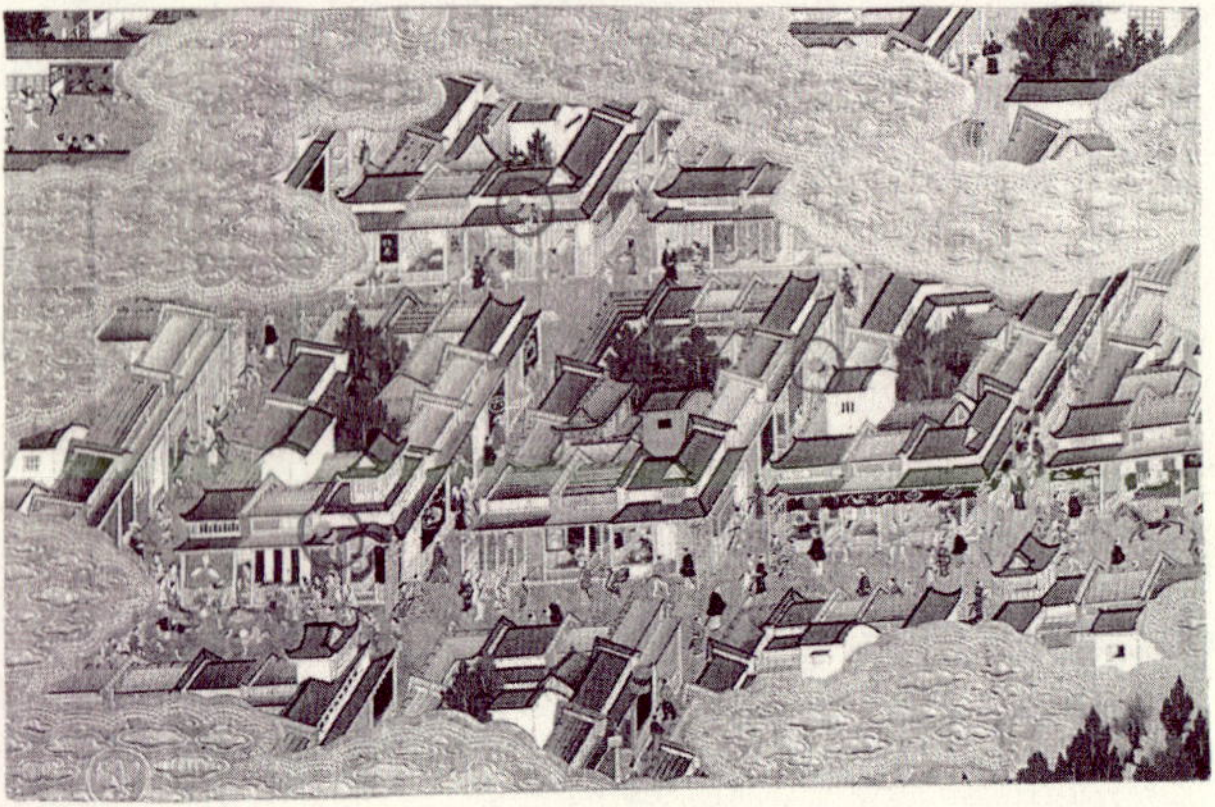

図3　江戸初期の酒屋。三軒の酒屋が酒林を軒に掲げている（○印の部分）。『江戸図屏風』（寛永年間頃）

酒林に雪が降り積もって朝日に輝いている様子が詠まれている。

酒屋が酒林を軒先に掲げるようになったのは、奈良県桜井市にある三輪神社（大神神社《おおみわ》）と関係がある。三輪神社の祭神大物主神《おおものぬしのかみ》が、酒造りの神として信仰されるようになり、背後にある三輪山の杉が三輪神社の神木とされたことから、杉と酒造りが結びつき、酒屋は杉の葉で作った酒林を軒先に掲げてトレードマークにするようになった。

江戸の風俗について記した喜田川守貞の『守貞謾稿《もりさだまんこう》』（嘉永六年・一八五三）〔慶応三年（一八六七）まで追記あり〕は、二種の酒林を図示した上で、「三輪山には杉を神木とす。この故に酒店

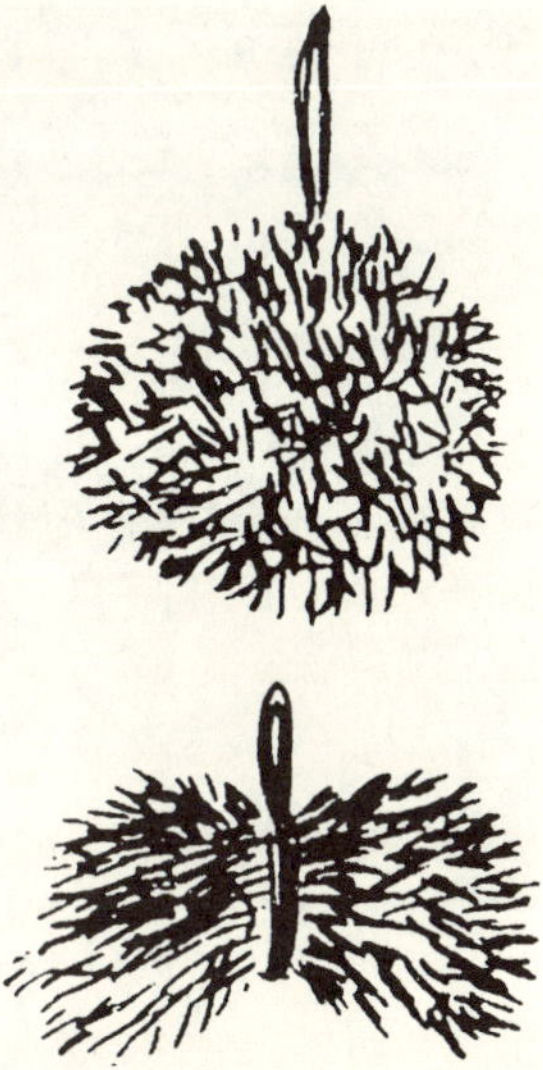

図4　二種類の酒林。下の方が古い形。『守貞謾稿』(嘉永 6 年)

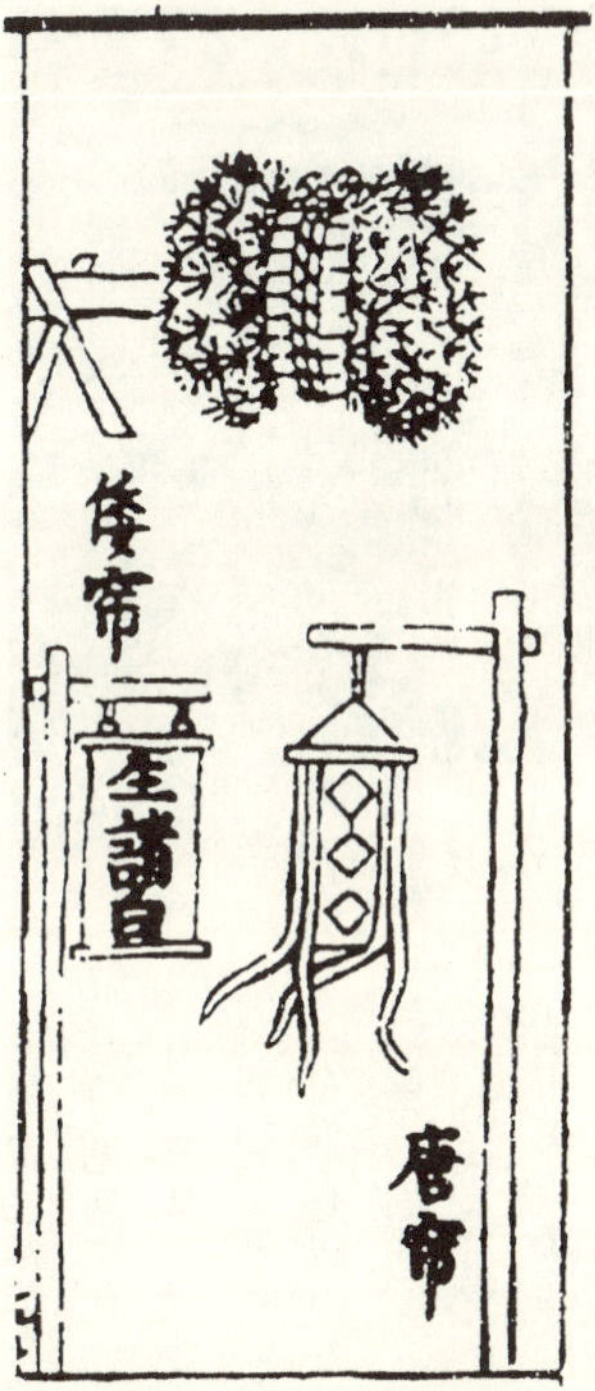


図5　鼓型の酒林。『和漢三才図会』(正徳 2 年)

図6　居酒屋の入口に吊るされた酒林。

に招牌《かんばん》に杉葉を用ひ、さかばやしと号《なづ》け酒旆《さかはた》に代へる。杉葉をもつてこれを製す。大小不同あり。大略、尺（約三〇センチ）余りあるひは二尺ばかり。酒店の軒に釣る」と解説している（図4）。

酒林の形は、『江戸図屏風』や『和漢三才図会』（正徳二年・一七一二、図5）にみられるように、はじめは主に鼓《つづみ》型をしていたが、しだいに現在みられるような球状へと変化した。

江戸時代も時代が下ると、酒屋に限らず、酒を置いている居酒屋などでもこの酒林を吊るすようになって、現在に至っている（図6）。

## 2. 居酒のはじまり

酒屋で酒を飲むことを「居酒《いざけ》」といい、江戸時代の考証随筆家・喜多村筠庭《きたむらいんてい》（信節《のぶよ》）の『嬉遊笑覧《きゆうしようらん》』（文政十三年・一八三〇）には「按《あんず》るに、居酒といふ事、古くもあり。酒屋へ飲にゆく也」とある。『人倫訓蒙図彙《じんりんきんもうずい》』（元禄三年）には酒を量り売りしている「酒や」が描かれている（図7）。このように量り売りする酒を店先で飲ませたのが居酒の始まりになる。独り暮らしの男性やその日稼ぎの労働者の多い江戸では、安直に酒が飲める場所として、酒屋での居酒が早くから行われていたが、「居酒」という言葉がみられるようになるのは元禄時代（一六八八〜一七〇四）のことになる。

元禄時代の居酒の様子を覗いてみる。

○「のみに行《ゆくゐ》居酒《ざけ》の荒《あれ》の一騒《ひとサワギ》」（ひさご、元禄三年）

芭蕉の門人河合乙州《おとくに》の句で、酒屋に居酒をしに行くと、いつも仲間同士で喧嘩沙汰になる、といった意味。酒屋の居酒客は、中間《ちゆうげん》・小者《こもの》・馬方《まご》・駕籠《かご》かきといった下層階級の人々が多く、諍《いさか》いもあり、喧嘩も絶えなかったようで、

図7　元禄時代の「酒や」。酒林を掲げ酒の量り売りをしている。『人倫訓蒙図彙』（元禄３年）

○「居酒をば仕《つかまつ》らずとむごくかき」（柳六、明和八年）

「居酒お断り」と入口に書いた酒屋もあった。それでも、

○「賑かに名月の夜の請酒屋」（たから船、元禄十六年）

特に名月の夜は請酒屋《うけさかや》（酒の小売店）が居酒客で賑わいをみせている。俳人其角《きかく》（宝井其角）も出かけていて、

○「名月や居酒のまんと頬かぶり　其角」（いつを昔、元禄三年）

と詠んでいる。其角は三十六歳頃に「十五から酒を呑出てけふ（今日）の月」（浮世の北、元禄九年）、

一五歳から酒を飲みはじめ、今日までずっと飲み続け、今もこうして名月を眺めながら酒を飲んでいる、と詠んでいるほど酒好きだった。名月の夜は明るい。其角は居酒に行く姿を人に見られたくなかったが、名月の夜の居酒の魅力にひかれて、頰《ほお》被《かぶ》りをして出かけていっている。

これまでのように、仲間同士が集まって酒を酌み交わすのではなく、このように酒屋に一人で出かけていって独酌をする者も現われてきている。

元禄時代にはすでに酒屋での居酒が盛んで、しかも居酒は夜間にも行われている。酒屋では燗酒が飲め、酒はチロリで燗をして出されていた。

◯「湯に幾度酒屋がちろり沖の石」（桜がり、享保十五年）

「沖の石」とは、水などで濡れている状態のことをいう。百人一首の二条院讃岐の歌「我が袖は潮干《しほひ》に見えぬ沖の石の人こそ知らねかわく間もなし」とある「乾く間もない沖の石」に由来する。酒屋のチロリが日に何度も湯燗され、乾く間もなく濡れたまま客席に出されている様子が詠まれている。

## 3．独特の商法で成功した豊島屋

やがて、酒を安く居酒させて評判を呼ぶ酒屋が現われた。神田鎌倉河岸にあった豊島屋《としまや》という酒屋である。延享三年（一七四六）に刊行された、当時流行の商店などを集めた『俳諧時津風《はいかいときつかぜ》』には豊島屋が載っていて「月夜よし　御ぞんじ様の　杉の門」の句が添えられている（図8）。杉の門は酒林のことで、句意からこの頃には居酒をさせていたようだ。加藤玄悦（曳尾庵）の『我衣《わがころも》』（文政八年・一八二五）に、

「元文元年（一七三六）に鎌倉河岸の豊島屋酒店が、店を拡げて酒をほかより格別安く売ることを始めた。毎日空樽十・二十を小売りにして酒は元値で売り、樽の売却代を儲けにした。その頃樽は一匁《もんめ》より一匁二、三分で売れた。そのやり方をみると、片見世（店の一郭）で豆腐を作って、酒店で田楽に焼き、豆腐一丁を十四に切った田楽は甚だ大きく、豆腐は外へは売らず自家用のみに使用した。その頃豆腐一丁は二十八文で、この豆腐も元値で売り、（田楽に塗る）味噌代や人件

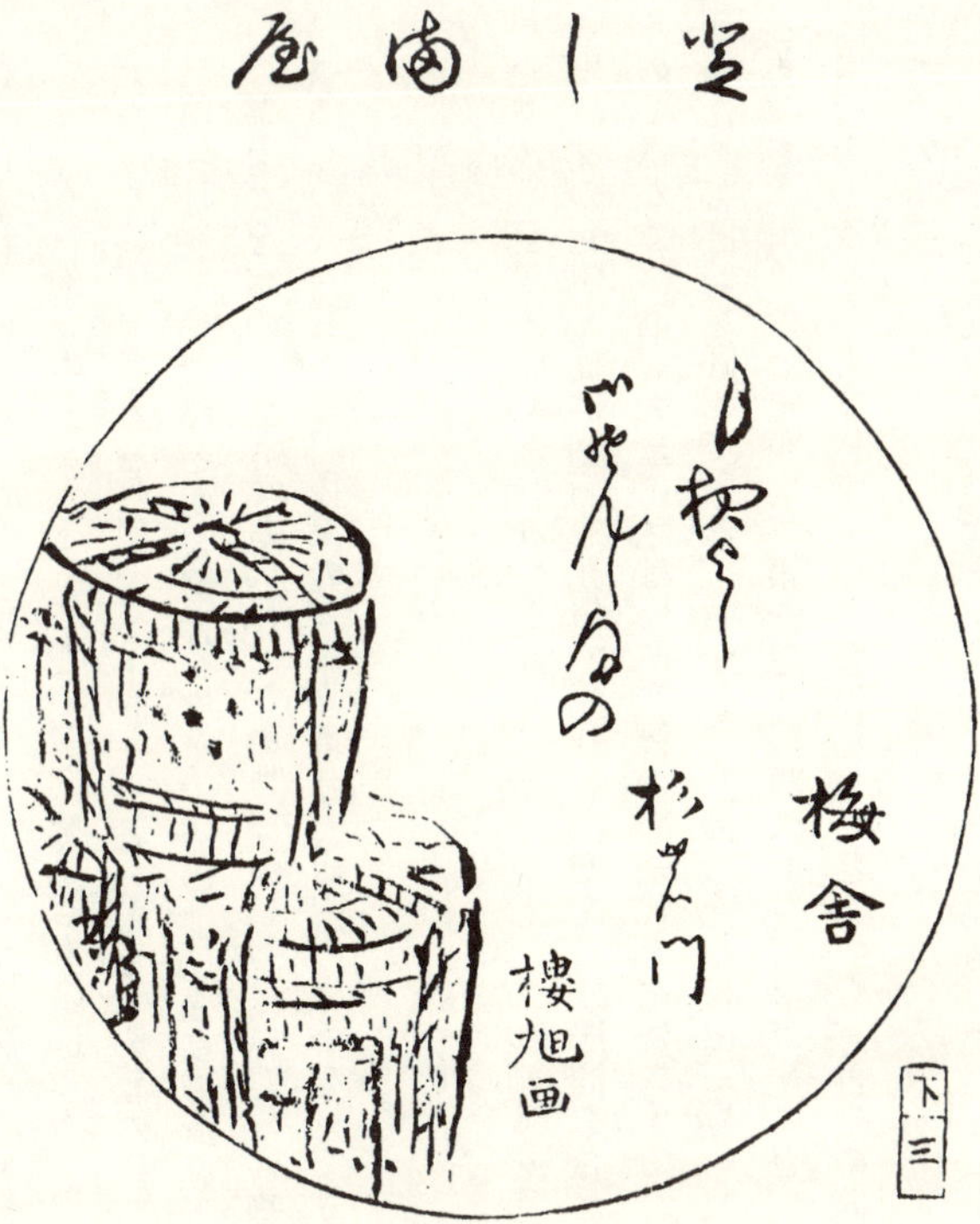


図8 「としま屋」。菰樽が積まれている。『俳諧時津風』（延享3年）

費は含まれていなかった（一串二文で売ったことになる）。それでも、酒樽を空にするのが目的なので、大きくて安い田楽を見せものにして、酒も多く注いで安く売ったため、荷商人《にあきんど》（行商人）・中間・小者・馬士《まご》・駕籠の者（駕籠かき）・船頭《せんどう》・日傭《ひよう》（日雇《ひやとい》）・乞食《こじき》などが大勢押し寄せ、店の前に売物の荷を下して酒を飲んだ。野菜などを求めようとする人は、この豊島屋に行けば望みの物があるので店先には多くの人立ちがし、往来の人も立寄り、店内の様子を見たりして繁盛した」

とある。

店先で大田楽を焼いてデモンストレーションし、この田楽を店内の居酒客だけに一串二文の元値で提供。酒も元値で売り、田楽を肴に居酒をさせ、酒や田楽で儲けるのではなく、酒を大量にさばいて空樽の売却代を儲けにするといった独特の商法が当たって評判を呼んでいる。しかし、空樽の売却代は一樽一匁より一匁二、三分とあって、当時の公定相場、銀一匁＝銭約六七文で計算すると、一〇樽分の売却代は六七〇～八七〇文ほどで、二〇樽売却したとしても一日分の儲けは大したことにはならない。

果してこの程度の儲けで営業が成り立ったか疑問だが、とにかく安酒の呑める酒店として、その日稼ぎの肉体労働者や武家の奉公人を主な客層にして繁盛していた。

○「としまやで又八文が布子を着」（柳多留拾遺初、享和元年）

布子（防寒着）を着る代わりに熱燗の八文酒をあおって寒さ凌《しの》ぎをしている。豊島屋では一合八文で酒が飲めた。

その後、豊島屋は雛祭用に売り出す白酒でさらに評判を呼ぶようになった。白酒売出し日当日の混雑ぶりはすさまじく、その様子は諸書に著されているが、江戸の風俗に関する随筆『わすれのこり』（天保末年頃）によると、

「毎年二月二十五日、一日の間白酒を売り出《い》だす。家の前には矢来を結び、入口には木戸を開き、こゝにて切手を買ひ、注《つ》ぎ場にいたりて白酒を受け取り、裏の方へ通りぬけるやうに構えたり（作られている）。さしもに広き往来も止まるかと疑ふばかり。只一日の売高幾千両と云ふことをしらず」

としている。

『江戸名所図会』「鎌倉町　豊島屋酒店　白酒を商ふ図」（天保五〜七年）には、白酒売出し日に、客が手に手に桶を持って押しかけ、行列を作っている様子が詳細に

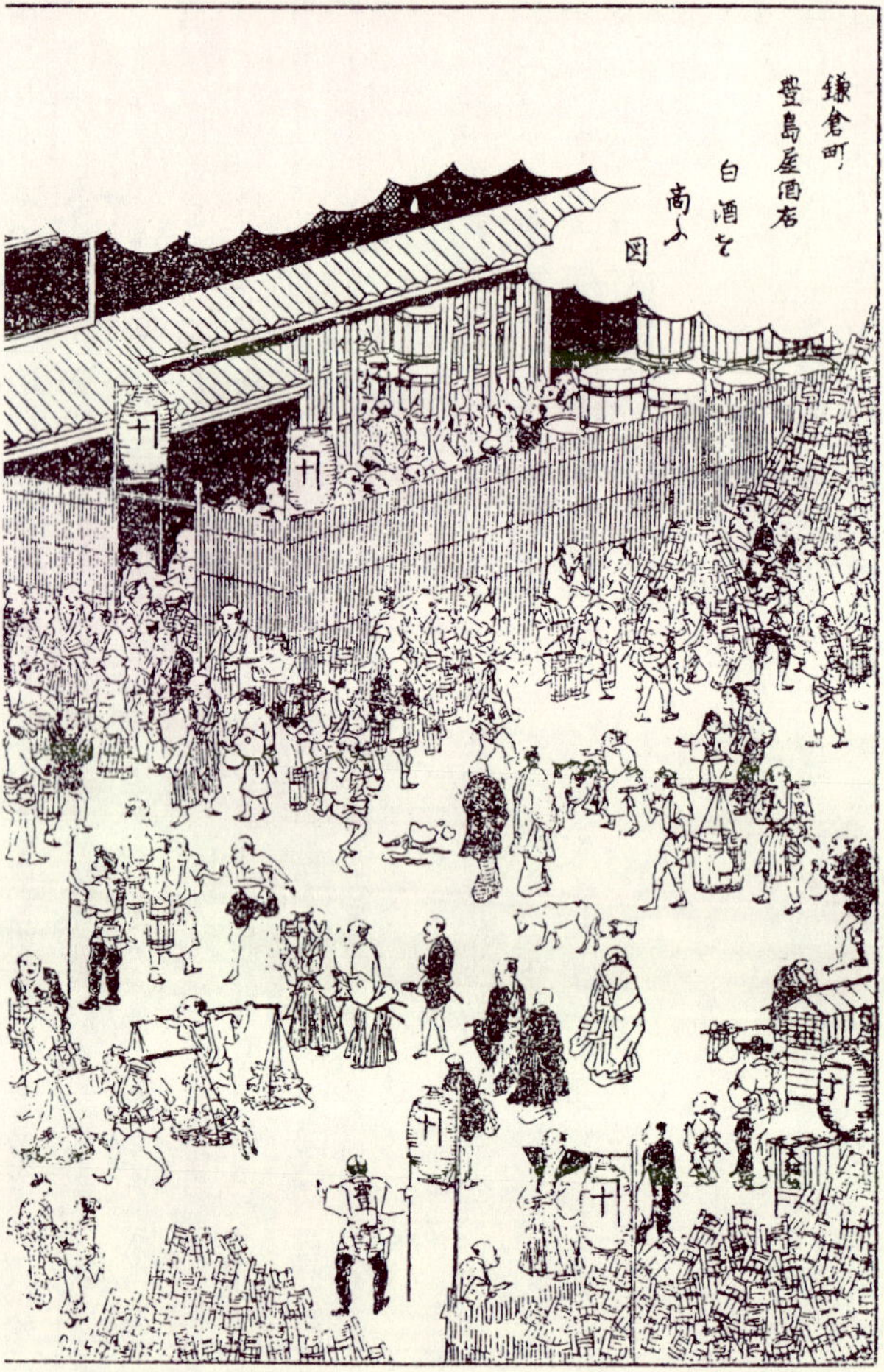


酒を商ふ図」（天保 5〜7 年）

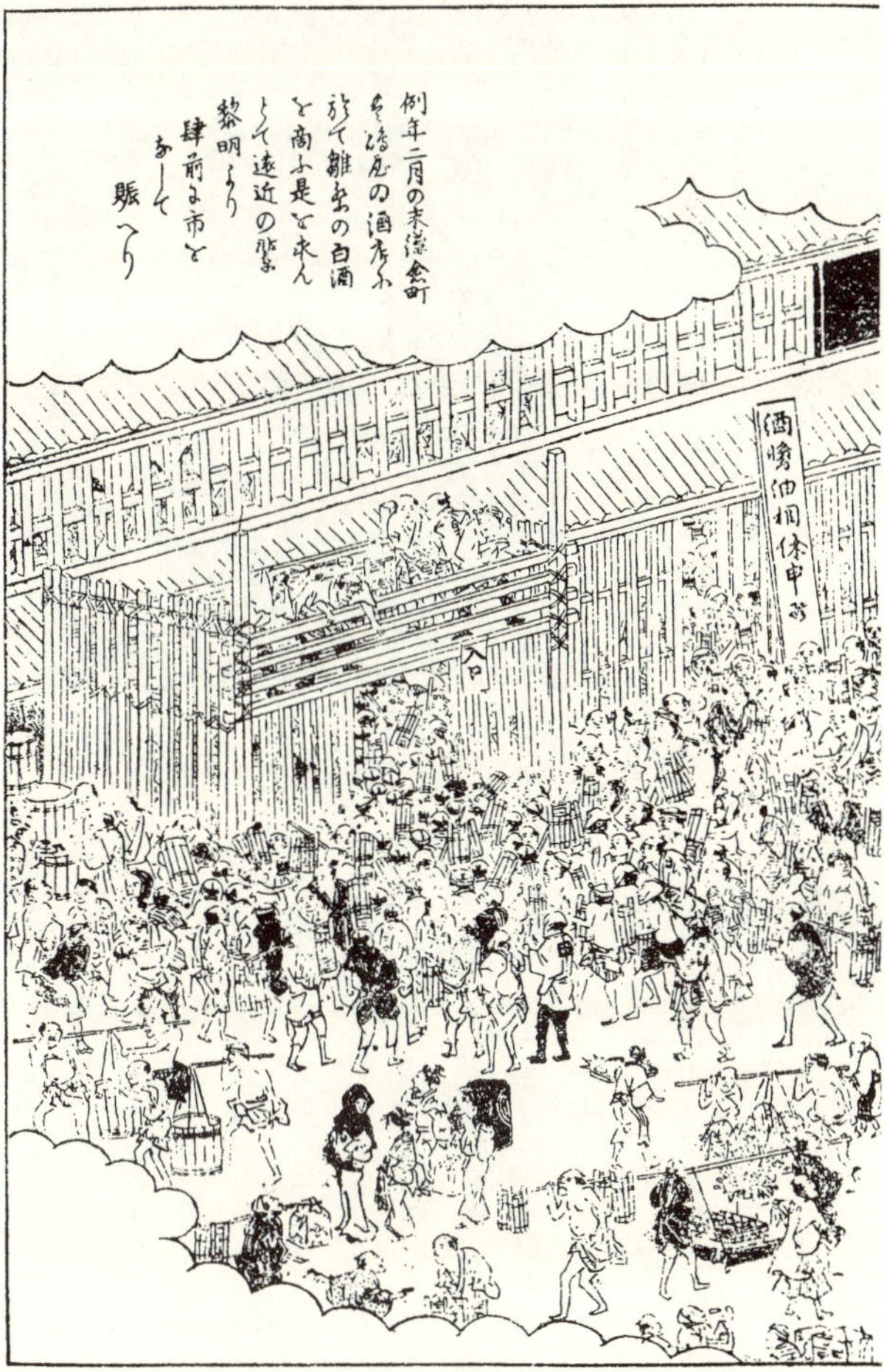


図9　白酒売り出し日の賑い。『江戸名所図会』「鎌倉町　豊島屋酒店　白

図10　今も白酒を売り出している豊島屋本店。

描かれている（図9）。

その後、豊島屋は鎌倉河岸から猿楽町（どちらも東京都千代田区内）に移転したが、現在も酒屋を営んでいて、雛祭用の白酒も期間限定で売り出している（図10）。

安く居酒をさせる酒屋があった一方で、銘酒を揃えて居酒をさせる酒屋もあった。西村重長の描いた『絵本江戸土産』「両国橋の納涼」（宝暦三年・一七五三）の両国橋西詰の広小路には、店内に菰被《こもかぶ》りの酒樽が積まれた酒屋が描かれている（図11）。入口に「やき肴」の札が下がっているので居酒ができる酒屋とわかる。店前の行燈看板には「生諸□　伊丹《いたみ》」の文字がみえる。「生諸」とあるのは「生《き》諸白《もろはく》」のことで、下に「白」の字が隠れている。生諸白とは純粋な諸白《もろはく》の意で、この酒屋は「伊丹生諸白」を売り物にしている。後に述べるように、伊丹の諸白は当時の最高級の

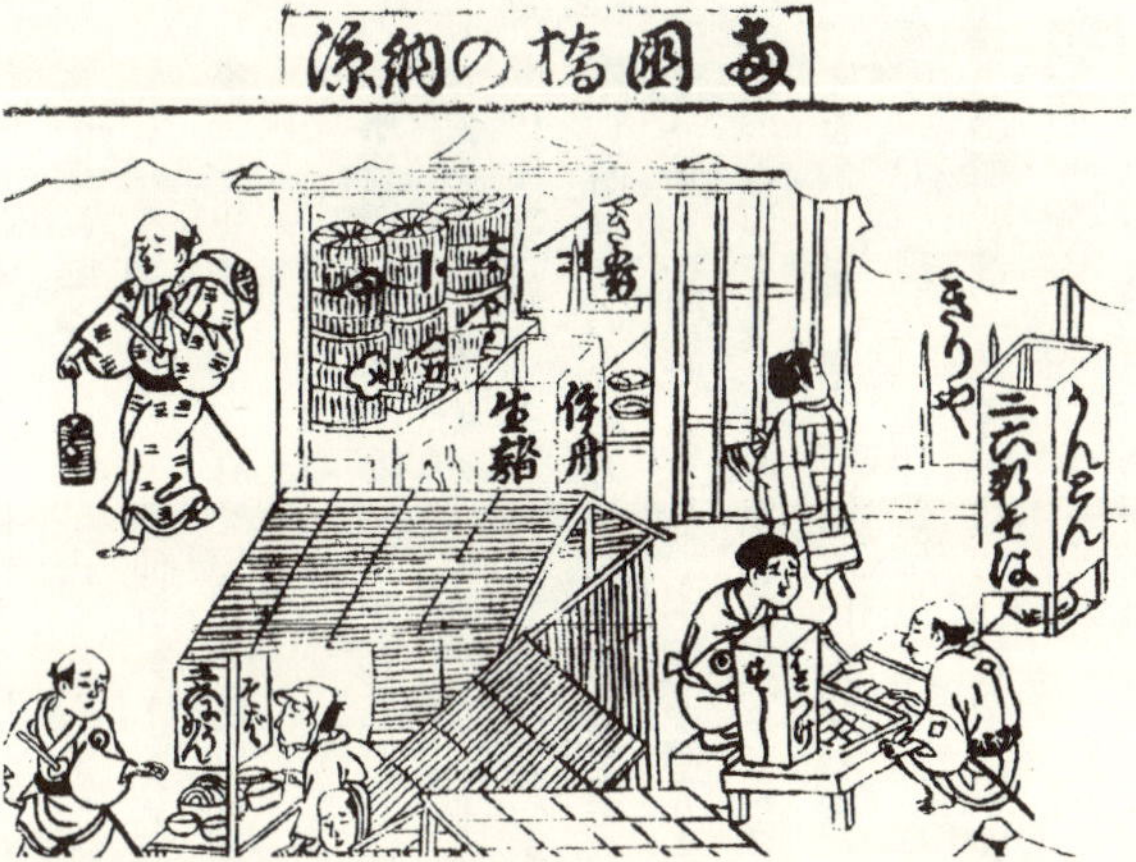


図11 「やき肴」の札の下がった酒屋。『絵本江戸土産』「両国橋の納涼」（宝暦3年）

ブランド酒である。

## 4．二〇〇〇軒にも増えた酒屋

寛延三年（一七五〇）十一月のことになるが、

「近年酒仲買・小売酒屋が日を追って増え、古くからある酒屋の近所に新規開店した酒屋は、売り上げを伸ばすため、大部分が仕入値段より安く損金を出して酒を売り出していて、古くからある酒屋の多くが経営不振に陥っている。新しく店を出した方も長い間元値を引いて売るのは難しいので、売り物に手を加えて品質を落として売るようになり、こちらも経営不振に陥っている。古くからあった酒屋・新しくできた酒屋が共倒れ状態になっている。そこで、酒仲買・小売酒屋に酒名題株札（酒屋株札）を交付して新規参入を止《とど》め、酒屋株を売買する制度をつくらせてもらえないか」

と、奉行所に出願する者が現われた。後述するように、江戸時代、酒造業者は勝手に酒造りをすることができず、酒造株制度が設けられていてそれに基づいて酒造りが行われていた。この制度を酒仲買や小売酒屋にも適用させたいとの申し出になる。

奉行所はこの出願の是非について年番名主（地域ごとに編成された町組の代表名主。一年交代）に諮問。年番名主は酒商売人の自由な商業活動に差し障りが出るとして反対の答申をし、この出願は却下されている（『正宝事録』二九三九）。

年番名主は、奉行所に答申をする前に出願者に対しいくつかの質問をしている。その中で、現在「酒仲買・小売酒屋」はどの位あるのかと尋ねているが、これに対し、出願者は「凡そ二〇〇〇軒余りもあるのでは」と答えている。当時のおよその酒屋数が分かる。

この出願は、市中に酒商組合を設置して、組合員一軒ごとに毎日二文宛を徴収し、その一部を組合運営費に充てるといった個人的な営利を目論んだものであった。したがって、酒屋の置かれている現状には誇張的な表現があるものと思えるが、酒の販売業に対する「酒屋株」制度は設けられておらず、酒屋の数が増えて過当競争が生じていたことがうかがえる。

そうした状況の中から、居酒を副業にするのではなく、居酒を本業にして生き残りを図ろうとする酒屋が現われてきた。酒屋の衣替えがはじまった。居酒屋の名はちょうどこの頃に現われてくる。

寛延年間(一七四八〜五一)といえば、九代将軍家重の時代で、江戸に幕府が開かれてから一五〇年ほどが経過していた。江戸はすでに一〇〇万都市に発展し、煮売茶屋(後述)や料理茶屋、そば屋、菜飯屋、蒲焼屋などの飲食店が開業していた。これらの店では酒も提供していたが、料理を提供することが本業であった。それに対し、客に居酒させることを本業にした店が現われてきた。それが居酒屋ということになる。

寛延二年に江戸で刊行された『風俗遊仙窟《ふうぞくゆうせんくつ》』には、武家奉公人の中間《ちゆうげん》が居酒をしている様子が描かれている(図12)。店の外には貸徳利を洗う桶が置かれ、店内には酒樽が積まれ貸徳利が並んでいる。この店は酒屋ではあるが、店先で田楽が焼か

図12　酒屋での居酒。武家奉公人の中間が居酒をしている。『風俗遊仙窟』（寛延2年）

れ、客が床几《しょうぎ》に腰かけ、チロリで燗した酒が客に運ばれている。酒屋が居酒屋化している様子がみてとれる。

# 二　居酒屋の誕生

## 1．居酒屋あらわる

寛延年間（一七四八〜五一）頃には居酒屋の名称が現われた。寛延の次が宝暦で、宝暦二年（一七五二）の記録によると、「深川の三十三間堂（富岡八幡宮の東側）が、享保十五年（一七三〇）八月の風雨によって吹き倒され、再建されないままになっていたのを、寛延二年の秋頃、二人の人物が、堂の周りの地面を借地し、煮売茶屋・居酒屋などを建て、その収益金で三年以内に三十三間堂を造立したいと奉行所に願い出て、許可され、今年の夏（宝暦二年）に堂が出来上がった」とある（『正宝事録』二九七四）。

ここにみられる居酒屋は、酒屋からの転業ではなく新規開業の居酒屋で、その経営がうまくいって、三十三間堂再建にこぎつけている。

居酒屋の名が使われ出した早い例になる。酒屋からの転業組ばかりでなく、新規参入組も加わって居酒屋という業種が形成されていく。

宝暦年間（一七五一〜六四）には居酒屋の名が頻繁にみられるようになる。江戸市民は新たに生まれてきた居酒屋に関心を寄せていて、このころ江戸で流行しはじめた川柳の題材に取り上げられている。

（一）「居酒やは立つて居るのが馳走なり」（万句合、宝暦八年）
（二）「居酒やへ気味合をいふ客がとれ」（万句合、宝暦十年）
（三）「居酒やでねんごろぶりは立てのみ」（万句合、宝暦十二年）

（一）は、今でもよくみられる立飲み風景。（二）は、居酒屋に贔屓《ひいき》客ができている。（三）は、居酒屋と懇意な連中は、席が空いていても、おやじのそばに立って飲んでいる。居酒屋の常連客もできている。
宝暦・安永（一七五一〜八一）頃にかけて、江戸を中心に流行した通俗小説の談義本にも居酒屋の名がよく出てくる。「居酒《いざけ》屋で呑逃《のみにげ》にさへ逢《あ》ふ。徳をとる計《ばかり》で、少《すこ》しも損のない商《あきない》は、日本の内にはない」（『当風辻談義《いまようつじだんぎ》』宝暦三年）とか、「（鉦者《どら》が）居酒屋《いざか》などでもがり（ゆすり）をする」（『銭湯新話』宝暦四年）といったように、飲み逃げにあったり、鉦者《どら》（やくざ者）にゆすられたりする場所として居酒屋が取り上げられている。居酒屋はスタート当初からトラブルを抱えていたようだ。後に述べるようにこれも居酒屋の直面する現実であった。

川柳や談義本は、宝暦年間には居酒屋が江戸の人々にとって馴染のある存在になっていたことを伝えている。ちなみに『当風辻談義』には「居酒屋《いざけ》」とある。居酒屋は、はじめは「いざけや」と呼ばれたようだが、ほどなくして「いざかや」と呼ばれるようになっている。

居酒屋が誕生したときの将軍だった家重が宝暦十一年六月に没した。家重の一周忌法要が翌年の六月十二日に行われることになり、それに先立つ六月六日に、「家重の一回忌法要期間中は、火の用心のため、湯屋・饂飩《うどん》屋・居酒屋などは暮六つ（午後六時ごろ）以降の営業を禁止する」といった触れが江戸の町に出されている（『江戸町触集成』七五四一）。

居酒屋は、夜間営業も行っていて、幕府から火の元危険業種に指定されるほどになっている。

その後も居酒屋の数は増えていき、天明二年（一七八二）に刊行された『七福神《しちふくじん》大通伝《だいつうでん》』には、「いま世上に多く有は、にうり見せあるいはゐ酒や（居酒屋）たくさんなり。是を思ふにさけのみ（酒飲み）がお、いとみへたり」とある。江戸は酒飲みが多く居酒屋が沢山できているといっている。

## 2. 酒屋と袂を分かった居酒屋

居酒屋は、酒屋とは一線を画する業種としてスタートし、数も増えたが、しばらくの間は、酒屋色を脱しきれないでいた。

居酒屋が出現してから三〇年余りたった天明三年（一七八三）四月に、町奉行所与力が、江戸の町名主に対して「町中酒屋」の数を調査して報告するよう命じている。その際、酒屋を「樽売を重《おも》にし、升売もする酒屋」は「上」に、「升売を重にし、樽売もする酒屋」は「中」に、「小売酒屋・居酒屋」は「並」に分類して調査するよう指示している（『江戸町触集成』八八九二）。

酒屋を酒の販売方法によって「上」「中」「並」に分け、居酒屋は小売酒屋と同じ業種にみなされている。小売酒屋は酒を升で量り売りしていて升酒屋ともいわれた。

図13「升酒屋」の店内。量り売り用の漏斗と升が描かれている。『黄金水大尽盃』初編（嘉永7年）

升酒屋では、店内に菰《こも》樽を並べ、菰樽の呑口から漏斗《じょうご》を受け皿にして升に酒をぬいて量り売りをしていた（『黄金水大尽《おうごんすいだいじん》盃《さかずき》』初編、嘉永七年、図13）。『一刻《いっこく》価《あたい》万両《まんりょう》回春《かいしゅん》』（寛政十年）の小売酒屋でも、左の棚の上に酒樽や菰樽が並べられているが、その下に貧乏徳利が置かれている。酒屋では一升以下の酒を量り売りするときに、この貧乏徳利を貸し出した（図14）。

居酒屋はこのような升酒屋と同じ業種にみなされていたが、やがて酒屋とは袂《たもと》を分かち、飲食店の仲間入りをした。

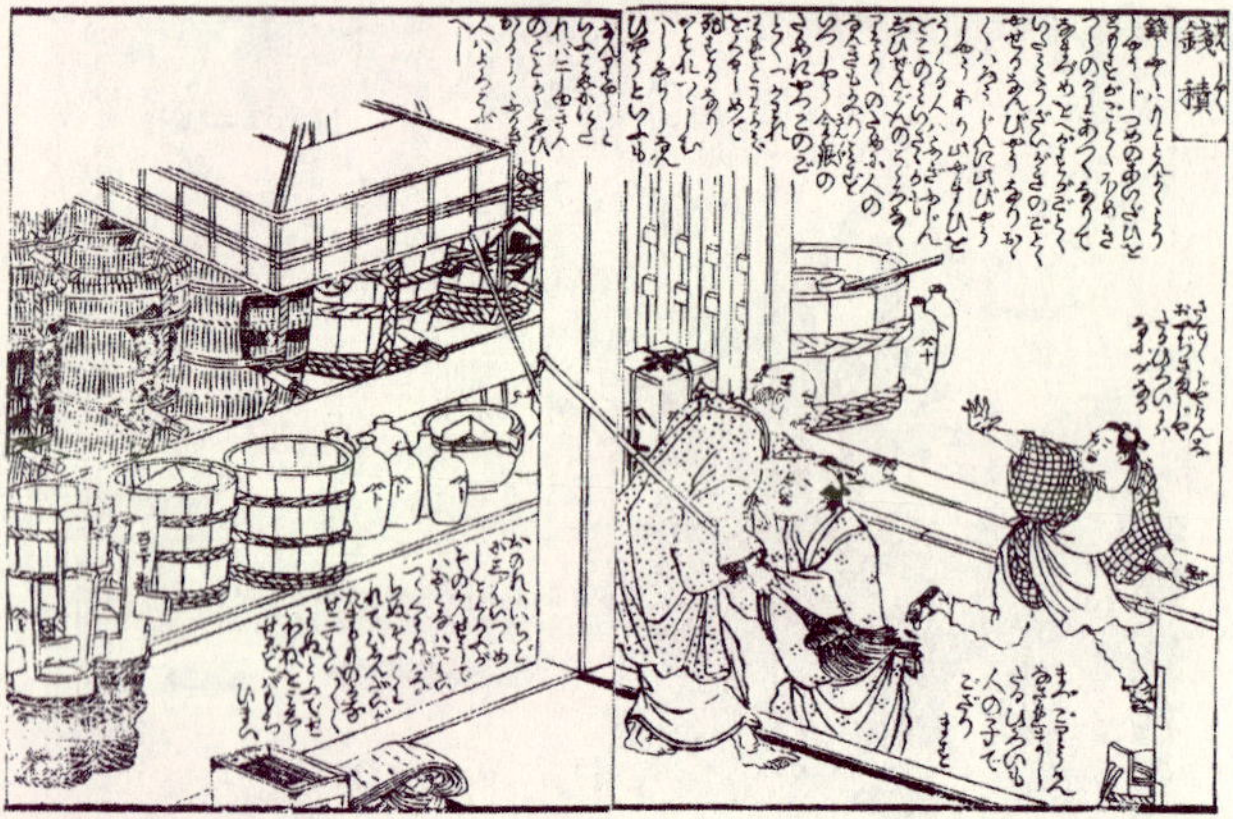

図14　酒屋の店内。酒樽の下に貸徳利が並べられている。天井から八間（行灯）が下がっている。『一刻価万両回春』（寛政10年）

天明三年の「町中酒屋」の調査から一六年経った寛政十一年（一七九九）に、町名主による「食類商売人」の調査が行われているが、この時には、次のような業種ごとに調査が行われている（『類集撰要』四四）。

料理大茶屋、料理小茶屋、煮売屋、
居酒屋、奈良茶屋（奈良茶飯の店）、
茶漬屋、田楽屋、煮豆屋、酢屋
（鮓屋か）、蒲焼屋、
汁粉団子類、上菓子屋、餅菓子屋
おこし類共、あめ屋、玉子焼、水
菓子屋、蕎麦切売、手打蕎麦屋、
うどん屋

当時どのような飲食店があったかがわかるが、この中に居酒屋の名がみられる。一八世紀の終わり頃には、居酒屋は酒屋と袂を分かち、料理茶屋、煮売屋、奈良茶屋といった飲食店の仲間入りを果たしている。

ただ、まだこの時点では、居酒屋と煮売屋（煮売茶屋）とは別の業種に扱われている。営業形態に違いがみられたことになるが、やがて両者は同一業種とみなされるようになって、「煮売居酒屋」という一大業種が形成される。

## 三　煮売茶屋と居酒屋

### 1. 明暦の大火と煮売茶屋

煮売茶屋とは、煮物を中心に簡単な食事と湯茶、酒などを出した茶屋のことで、煮売屋、煮売見世（店）とも呼ばれている。客に茶を出して休息させる茶屋は早くから街道筋で営業していた。イエズス会宣教師らによって編纂された『邦訳日葡辞書《ほうやくにっぽじしょ》』（慶長八年・一六〇三）には、「Chaya（チャヤ）。すなわち、茶の屋《イエ》。道中にあって、茶碗に茶をたてて売る家」と出ている。

連歌師宗長は大永四年（一五二四）六月十六日に、静岡県宇津谷峠《うつのやとうげ》の麓の茶屋に立ち寄った時の様子を、

「府中（駿府）。境《をり》ふし夕立し宇津の山に雨やどり。此《この》茶屋むかしよりの名物十《とを》だんごといふ。一杓子《しやくし》に十づゝ、かならずめろう（少女）などにすくはせ興じて（いる）。夜に入《いり》て着府」（『宗長手記《そうちようしゆき》』）

と書きとめている。この茶屋では少女が小さな団子を一〇個ずつ杓子ですくって売っていたので、十団子といわれていた（名物十団子）。

江戸時代になると、このような茶屋から発展したさまざまな形態の茶屋（芝居茶屋・引手茶屋・料理茶屋など）が出現してくる。その一つが煮売茶屋で、煮売茶屋の名は明暦の大火直後に現われた。

江戸に幕府が開かれてから半世紀ほど経った明暦三年（一六五七）に、江戸は大火に見舞われた。明暦の大火といわれる江戸時代最大の火災で、振袖火事ともいわれている。一月十八日の昼すぎ本郷丸山の本妙寺から出火し、三日間にわたる大火災になって江戸城をはじめ市中の大半が焼きつくされた。大火の四年後の万治四年（一六六一）に刊行された浅井了意の『むさしあぶみ』は、大火の惨状を絵入りでリアルに伝えているが、焼死者はおよそ「十万二千百余人」にものぼったとしている（図15・16）。

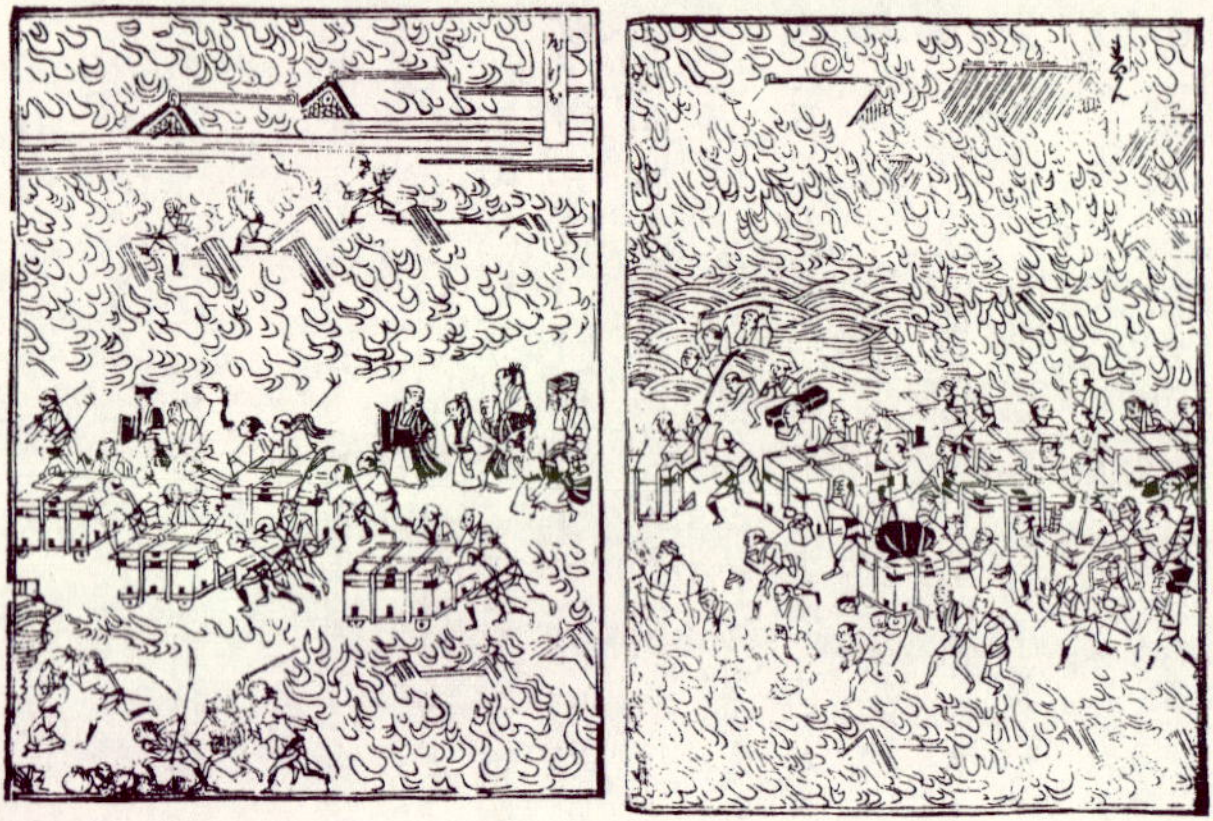

図15　明暦の大火。大火の中、家財道具を持ち出して避難する人々。『むさしあぶみ』上（万治4年）

図16　大火後の粥の施行《せぎょう》。幕府は仮小屋を建て難民の救済に当たった。『むさしあぶみ』下

大火後、幕府は防火上の火除け地として、日本橋と京橋の間に三カ所、鍛冶橋と桶町の間に一カ所の広小路を設けた。広小路とは道幅の広い道路のことだが、そこは広場になっていた。江戸橋広小路はその一つで、ここには大火直後に一〇七軒の「商床見世《あきないとこみせ》」が営業を始めている（『江戸橋広小路最寄旧記（春）』）。その目的からして、広小路には常設の建物を建てることは許されなかったが、人の住まない移動可能な小屋掛けの床見世《とこみせ》（店）を設けることは許可されたのである。一〇七軒の内訳は「小間物商売人」が最も多くて半数近くを占めていたが、「煮売茶屋」を営む者も一一人いた。

幕府は非常に速いスピードで復興事業に取り組み、大火後「程なく諸国より諸職人等、御当地え入り込て、江都の賑ひ始めに倍々せり」（『洞房語園《どうぼうごえん》』享保五年）とあるように、江戸には復興事業に携わる多くの人夫や職人が集まってきた。これらの人々にとって煮売茶屋は便利な存在で、現在のファストフード店のような役割を果たしていたものと思える。

浅井了意は『むさしあぶみ』を著した翌年の寛文二年（一六六二）に、復興した江戸の名所案内記『江戸名所記』を刊行しているが、そこには床店とは異なるきちんとした店舗を構えた煮売茶屋が描かれている。江戸名所の案内をするのに先立っ

図17　煮売茶屋。団子や田楽らしきものを焼いている。『江戸名所記』（寛文２年）

て、案内人の二人の主人公がこの「茶や」に立ち寄って、酒を飲みながらこれから巡る道筋の相談をする筋書きになっている。茶屋の入口では団子や田楽らしきものを焼いている（図17）。煮売茶屋では、このように煮物に限らず焼物も提供し、酒も飲ませていた。

## 2．煮売茶屋の夜間営業禁止令

煮売茶屋の数はかなり速いスピードで増えていったようで、間もなく、火災予防上、夜間の営業が禁止されるようになった。

明暦の大火後、幕府は大がかりな都市改造を行い、市街地の防災化（道幅を広げ、火除け地を設けるなど）、寺院の郊外移転、武家屋敷や町屋の移動などを行って防災都市づくりをしたが、火災は絶えなかった。明暦の大火直後にも三回の火事がおきているし、翌年の明暦四年（一六五八）一月十日には、本郷六丁目より出火して、駿河台・鎌倉河岸・日本橋・京橋・新橋を焼き、霊巌島・八丁堀・鉄砲洲・馬喰町まで延焼する大火が発生している。さらに、万治三年（一六六〇）に入ると火災が頻発した。「江戸中、当（万治三年）正月二日より三月廿四日迄に以上百五度の出火なり。依つて江戸中の万民昼夜共に安座の心なし」（『玉露叢《ぎよくろそう》』延宝二年・一六七四）といった状況だった。三カ月間に一〇五回も火事があっては、市民は気の休まる心地はしなかったであろう。

明けて万治四年（一六六一）の年（四月に寛文と改元）も、年明け早々の一月二十日に大火があって、町数四一丁、家数七八七軒が焼亡した。火事は冬場に多く発生している。そこで、奉行所はこれから冬を迎える十月に、火の元となるような商売の取り締まりに乗り出し、次のような町触を出した（『御触書寛保集成』一四四四）。

「一、町中茶屋ならびに煮売の者、昼の内ばかり商売致し、暮六ツより堅《かた》く商売仕《つかまつ》るまじき事」

「一、町中にて夜中火鉢に火を入れ、ならびにあんどう（行灯）をとぼし（灯し）、煮売持あるき候もの、向後《きやうこう》かたく売らせ申すまじき事」

茶屋や煮売茶屋が暮六つ（午後六時ごろ）以後に営業すること、夜間に火鉢に火を入れて煮売の振売《ふりうり》をすることを禁じている。夜間に火を使う商売は火事を引き起こす危険度が高いからで、取締りの対象になるほどに煮売茶屋の数が増え、夜間営業もしていたことになる。煮売の振売も行灯に火を灯して煮物を売り歩き、移動コンビニのような役割を果たしている。

煮売茶屋や振売が夜間営業を行えたのは、灯火のおかげで、この頃には、灯火原料の菜種が各地で栽培されるようになった。特に大坂周辺農村での栽培が盛んで、菜種油（水油）に加工されて大坂に集められ、江戸に大量に下り物として送られてきた。長い間、庶民は日没とともに寝るという生活を続けてきたが、生活に灯火を取り入れ、生活時間に夜を加えることが始まっていた。

煮売茶屋の夜間営業禁止令は、人々が夜間に外に出歩き、夜のひと時を外食の場でエンジョイすることがはじまっていたことを物語っている。酒屋での夜間の居酒も元禄時代には始まっている。

## 3．政治をも変えた煮売茶屋

翌年の寛文二年（一六六二）九月にも、奉行所は、「店にて煮売茶屋を営む者は、前々より申し付けている通り夜間の煮売をしてはならない」と触れを出し、冬の火災シーズンを迎える前に、禁令の遵守を徹底させようとしている（『正宝事録』三二三）。

しかし、二年連続して夜間営業禁止令が出されているにもかかわらず、煮売茶屋の夜間営業は続けられていた。その後、寛文十年、寛文十一年、寛文十三年と引き続き同様の禁止令が出されているが、この三回の禁令は、いずれも、

「日暮れ六つ以後より煮売を停止する旨前々から触れを出しているが、近ごろは方々で夜間営業していると聞いている。今後は前よりもなおいっそう守るように」（『正宝事録』七七九）

となっていて、かえって夜間営業を営む店が増えてしまっている様子がうかがえる。井原西鶴の『好色一代女』（貞享三年・一六八六）には、夕暮れ時に、男女二人連れが数寄屋橋の河岸端にある「煮売屋」に入るところが描かれている（図18）。入口の大鍋に煮物が煮え立っているが、この店ではうどんも出している。江戸市民にとって、夜にすぐ食べられる食べ物への需要は大きかった。その需要を担っていたのが煮売茶屋で、煮売茶屋は夜間営業禁止令に屈しなかった。

ついに奉行所は、現状を認めざるを得なくなり、元禄十二年（一六九九）に「火

図18 「煮売屋」。男女の二人連れが入っていくところ。絵にはみられないが、うどんを注文している。『好色一代女』（貞享3年）

災予防上、煮売り商いのうち、辻売りと担い売りの夜間営業は禁止する。風が激しい時は店で売る者も休業するように」（『正宝事録』三五七四）と、煮売りの夜間営業について、火の粉が飛び散り火元になる危険度の高い屋外での営業だけを禁止し、店舗での営業は許可するに至っている。

この煮売茶屋の夜間営業解禁令は、五代将軍綱吉の治世のときになる。綱吉は、生類憐みの令の一環として、うなぎを生きたまま飼って蒲焼にして売ることを禁止して、うなぎ屋にダメージを与えたり、国民に「大酒禁止令」を発して、酒の飲み方を抑制したりして、国民生活の隅々まで干渉しているが、江戸庶民のささやかな飲食の場までは奪うことができなかった。煮売茶屋パワーが政治を変えたといえる。

## 4．男性都市江戸と煮売茶屋

煮売茶屋が繁盛していった背景には、江戸が男性都市であったことや住宅事情と関係がある。

八代将軍吉宗は、享保六年（一七二一）から全国の人口調査を開始し、江戸でもこの年から町方人口の調査が始められた。調査は、町名主が管轄する町内の住民数を町年寄に報告し、町年寄はそれを集計して奉行所に報告、といった手順で行われている。町名主の手元には今の住民台帳に相当する「人別帳」が備え付けられていて、それに基づいて住民数の把握が行われていた。調査の結果、享保六年の町方人口は五〇万一三九四人（男三二万三二八五人、女一七万八一〇九人）と報告されている。町方人口で注目すべき特色は、男女の割合が甚だしく不均衡なことで、男性が女性の二倍近い数になっている。調査は享保六年から毎年四月と九月に続けられていくが、十八世紀を通じてこのような不均衡は続いている（「江戸の町人の人口」『幸田成友著作集』二）。江戸町人の人口は男性が極端に多かった。当然のことながら、独り者の男性も多くいたことになる。

さらに、町人の住宅事情をみると、人口の半分を占める町人は、市域の六分の一しかない町人地に押し込められて住んでいた。多くの町人が狭い土地に居住できたのは、九尺二間（六畳の広さ）に代表されるようなワンルームの長屋住まいをしていたからにほかならない。式亭三馬の『浮世床』初編（文化十年）には、このような長屋の入口が描かれ（図19）、松亭金水『春色淀の曙』（十九世紀中頃）には、薄い壁一つで隣り合わせた長屋での生活ぶりが眺められる（図20）。

〇「わんとはし持つて来やれと壁をぶち」（柳三、明和五年）

図 19　長屋の入口。左下に麹売、手前中央にあさりむき身売が描かれている。路地にも振売が入っていっている。『浮世床』初編（文化 10 年）

何かご馳走でもこしらえたのであろうか。壁を叩いて隣の人（独り者であろう）を「椀と箸を持って来い」と呼んでいる。この家には余分な椀や箸は無いようだ。

町名主が江戸の町々の住民構成を調査して幕府に提出した文政十一年（一八二八）の「町方書上」によると、町人地の平均的な店借《たながり》率は約七〇パーセントにのぼっている（「江戸市中の住民構成（文政十一年町方書上）」）。

ちなみに、現在の東京都の情況をみてみると、都民も五二・三パーセントが借家住まいをしている（「平成二十年住宅・土地統計調査」

図20　長屋の風景。入ってすぐの土間が台所になっている。『春色淀の曙』（19世紀中頃）

総務省統計局）。江戸の店借率は、現在と大差のある数字とはいえないが、居住環境は大きく異なっていた。江戸の長屋の台所は不便で狭く、冷蔵庫もなく、インスタント食品やレトルト食品などの保存食品もない時代だった。家ごとに竈《かまど》はついていたが、火をおこすのは大変だった。ガス栓を捻れば着火出来る今とは違って、火打石と火打金で打ち出した火を火口《ほくち》に移し取り、さらに火口から付木《つけぎ》（杉や檜の薄片の一端に硫黄を塗りつけたもの）に火を移し、付木を火種にして焚き火に着火させる、といった面倒な手順を必要とした。江

図21　「付木売」。『江戸職人歌合』（文化5年）

戸の町には付木売が付木を売り歩いていた（図21）。

長屋住まいの独り者にとって自炊は面倒なことであって、

○「壱人もの荒神様をさむがらせ」（万句合、宝暦十二年）

荒神様は竈を守る神で、竈の上に棚を作って祀られていた。竈に火が焚かれないことを言っている。

○「たまさかにけぶりを立てる壱人者」（柳一〇、安永四年）

独り者の竈に煙が立つのはたまのことになる。『画本柳樽』二編（天保十二年）にはこの様子が描かれている（図22）。

武家の人口調査は行われていな

いが、江戸は武都として成立した都市で、町人人口の調査が行われた享保六年には町人と同じ五〇万人位の武士が居住していたと推定されている。武家の社会も男性社会で、参勤交代制度により江戸には二七〇人ほどいた大名の江戸屋敷（江戸藩邸）が置かれ、その数は十八世紀後半には上《かみ》・中《なか》・下《しも》屋敷合わせて七三四カ所にも達していた。そこには多数の江戸勤番武士が単身赴任してきていて、下級武士は江

図22　独り者の自炊。ここには「たまさかにけふりをたつるひとりもの」とある。『画本柳樽』二編（天保12年）

戸屋敷の長屋に住んで自炊生活をしていた。また、旗本・御家人も二万二〇〇〇人余いて、彼らのもとには多くの武家奉公人が仕えていたが、独身者が多かった。江戸は男性都市で、しかも武士も町人も独り暮らしの男性が多いという特色を持っていた。食の外部依存が非常に高く、煮売茶屋の果たす役割は大きかった。

## 5．煮売茶屋の多くが居酒屋に転業

江島其磧の『けいせい色三味線』（元禄十四年・一七〇一）には、煮売茶屋での居酒風景が描かれている（図23）。煮売茶屋の夜間営業が許可された頃である。傾城《けいせい》（遊女）に失恋した男がこの世を見限り、浅草寺境内の「煮売する家」に入り、一杯飲んだ上で最期を極めようと酒を注文し、店先の床几に腰かけてチロリを片手に酒を飲んでいる。女性が接待していて、喫茶専門の水茶屋風に描かれているが、煮売茶屋での居酒風景を眺めることが出来る。

このように煮売茶屋では酒を出す店が増えていき、「煮売酒屋」の名が生まれた。煮売酒屋の名は居酒屋と同じ頃に現われたが、しばらくの間は煮売酒屋と居酒屋は異なる業種とみなされていた。

図23　煮売茶屋での居酒。チロリで酒を飲んでいる。『けいせい色三味線』（元禄14年）

○「にうり屋へなんだなんだと聞て
　　寄り」（柳二、明和四年）

の句もあるように、煮売屋（煮売茶屋）は、そこそこの料理を揃えていた。その延長線上の煮売酒屋も、料理の品ぞろえの点で、居酒屋との違いがみられたものと思える。先に述べた天明三年（一七八三）に酒屋数の調査が行われた際、「煮売を重《おも》にし、酒も商う煮売酒屋」についても調査して、酒屋とは別段に名前を書き出して報告するよう命じられている。この調査のとき、居酒屋は酒屋のグループに入れられているので、煮売を本業にして居酒もさせる店は煮売酒屋、居酒を本業にした酒屋は居酒屋として区別されていることになる。

だが、このように区別されていても、実際には、両者の区別はつきにくかったに違いなく、居酒屋が酒の肴を充実させるにつれ、その区別はますますつきにくくなり、両者を一括した「煮売居酒屋」という呼称が生まれた。文化八年に行われた「食類商売人」数の調査では、「煮売居酒屋」を一つの業種とみなして調査が行われている。その結果、前述したように両者を併せた「煮売居酒屋」の数は一八〇八軒を数え、「食類商売人」のうち業種別では一番多く、全体の二三・八パーセント（約四分の一）を占めるに至っている。「煮売居酒屋」という一大業種が出現したことになる。

一方、「煮売茶屋」の数は一八八軒と少なく、煮売居酒屋の十分の一程度にすぎない。ここでの煮売茶屋とは酒を置いていないか、テイクアウト専門の店のことと思える。煮売茶屋の多くが煮売酒屋に転業し、「煮売居酒屋」の仲間入りをしていたことがうかがえる。

ただし、「煮売居酒屋」という名は、居酒屋の発展過程を知るうえで注目すべき名称であるが、この名はあまり史料にはみられなくて、居酒屋・煮売屋・煮売茶屋・酒屋などの名称が使われている。本書でもその場その場でこれらの名を使用しているが、実態は居酒屋としてご覧いただきたい。

# 四　江戸で飲まれていた酒

## 1. 江戸で飲まれていたのは下り酒

居酒屋が一大業種に発展したことを述べたところで、江戸で飲まれていた酒についてみてみたい。

江戸で飲まれていた酒の多くは上方《かみがた》（畿内地方）から運ばれてきた諸白《もろはく》という下り酒だった。

諸白とは、現在の日本酒造りと同様に、仕込み用の掛米《かけまい》（蒸米）と麴米《こうじまい》の両方に精白米を用いて造られた清酒で、十六世紀の中頃に奈良で生まれた。一方、麴米に玄米を使い、掛米のみに精白米を用いた酒は片白《かたはく》といわれるようになった。

『本朝食鑑《ほんちょうしょっかん》』（元禄十年・一六九七）には、

「近代酒《ちかごろ》の絶美なものを諸白《もろはく》といっている。諸とは庶《もろ》(両の意)である。白とは、白米・白麴を用いて造るのでこう名づけるわけである。和州(大和国)の南都《なら》および摂州の伊丹・池田・鴻池・豊田《とんだ》(富田)の処は、諸白酒を醸造して、難波《おおさか》・江都《えど》に運転している。最も極上品である」

とある。諸白の名の由来、諸白の産地、諸白が江戸に運ばれていることなどが分かる。

諸白造りは、南都(奈良)で誕生した。『酒茶論』(室町時代末)に、日本には名酒が多いけれど「ことにすぐれて名高《なだかき》は、大和国《やまとのくに》に聞えたる、もろはくどの(諸白殿)と申は、春日大明神の、御つげにまかせて作りいだせし酒なれば酒王とこれを名付たり」とある。奈良の諸白は酒の王だといっているが、『邦訳日葡辞書』も「Morofacu、モロハク(諸白) 日本で珍重される酒で、奈良で造られたもの」と記している。

織田信長もこの諸白を飲んでいた。天正十年(一五八二)三月、信長は武田勝頼を甲斐国田野《たの》に滅ぼすことに成功し、信長と同盟して戦った徳川家康に駿河・

遠江《とおとうみ》両国を与えた。家康はその御礼として同年五月十五日、近江安土《あづち》に上国し、安土城では家康を招いての饗応が催された。『信長公記《しんちょうこうき》』は「御振舞の事、維任《これたふ》日向守（明智光秀）に仰せ付けられ、京都・堺にて珍物を調へ、生便敷《おびたゝしき》結構にて、十五日より十七日迄の御事なり」とその様子を記している。馳走役を仰せつかったのが明智光秀で、饗応は三日間に及んでいる。この饗宴に際し、奈良の興福寺大乗院は「盃台」と「山樽三荷・諸白上々」を進上し、信長はじめ万人から称賛され、「寺門の名誉・御門跡の御高名なり」と悦《よろこ》んでいる（『多聞院日記』同年五月十八日）。信長は家康と諸白「山樽」を酌み交わしながら親交を深めたものと思える。このあと、五月二十九日に、信長は中国攻めのために上京。本能寺に入り、ここで六月二日に明智光秀の襲撃を受けて自刃し、四九年の生涯を閉じた（本能寺の変）。

諸白は、はじめ「南都諸白」が高い評価を得ていたが、しだいに諸白造りの主産地は奈良から摂津《せっつ》（大阪府北部と兵庫県東部）の伊丹・鴻池・池田・富田《とんだ》に移った。江戸時代に入ると、この地域で酒造業が発達し、諸白の銘醸地になっていった。

下り酒のなかでも、伊丹酒の名声が高く、『摂津名所図会』（寛政十年・一七九八）には、「名産伊丹酒《いたみざけ》。酒匠《しゅしょう》の家六十余戸あり。みな美酒数千斛《すせんこく》を造りて諸国へ運送す」とあって、伊丹酒の製造工程が描かれている（図24）。

図24　伊丹酒造り。米の精白から蒸米までの工程が描かれている。『摂津名所図会』（寛政10年）

図25　「酒あげ」（搾り）と「すまし」（滓《おり》引き）の図。ここには伊丹酒造りの最終工程の図を示した。『日本山海名産図会』（寛政11年）

また、『日本山海名産図会』（寛政十一年）も、「今天下日本の酒に及ぶ物なし。（略）それが中に摂州伊丹に醸《かも》するもの尤《もつとも》醇雄《じゆんゆう》なりとて、普《あまね》く舟車《しうしや》に載《のせ》て台命《たいめい》（将軍の命）にも応ぜり。依《よつ》て御免《ごめん》の焼印《やきいん》を許さる。今も遠国にては諸白をさして伊丹とのみ称し呼べり。されば伊丹は日本上酒の始めとも云べし」と伊丹酒を讃え、「米あらひ」から「すまし」（滓《おり》引き）まで伊丹酒造りの全工程を、挿絵入りで解説している（図25）。

伊丹酒が高い評価を得たのには、水のおかげが大きかった。「凡そ酒を造る場合は、先ず水を択《えら》ばねばならない。（略）水をよく択んだ後で、米を択ばねばならない」（『本朝食鑑』）とされ、酒造りには水が第一で、名酒はよい水から生まれるといわれている。『万金産業袋《ばんきんすぎわいぶくろ》』（享保十七年・一七三二）には「伊丹・富田の作り酒が、生諸白といわれるのは、もともと水の技では」とあって、伊丹は酒造りに適した良質の水に恵まれていた。

伊丹の諸白は「生《き》諸白《もろはく》」といわれ、先の両国広小路にあった酒屋はこの生諸白を扱っている店になる（図11、三三二頁）。

## 2. 酒の海上輸送

江戸で飲まれていた酒は、「下り諸白」だった。『万金産業袋』には「総じて江戸にては、一切地造りの酒はなし。時として今繁華の江戸、いく八百八十やらん。方《ほう》量《りやう》無辺の（広大な）其所に、日夜朝暮に使ふ酒は、多くはみな伊丹・富田、あるひは池田の下り酒なり」とあって、江戸時代中期になっても、江戸で飲まれる酒は下り酒に依存していた。

江戸に送られる下り酒は、初めは馬を使って陸送されていた。入荷量は少なく、出羽国秋田藩士・梅津政景の日記（『梅津政景日記』）をみると、元和七年（一六二一）十二月八日に「奈良へ諸白を買いにいっていた相坂所左衛門が帰ってきた。新酒三駄・古酒二駄合わせて五駄を買って帰ってきた」と出ている。秋田藩の江戸屋敷では、家臣がわざわざ奈良まで諸白を買いに行っている。

寛永年間（一六二四～四四）には、船積みによる下り酒の海上輸送が始まり、江戸への入荷量も増えた。『色音論《しきおんろん》』（寛永二十年）という江戸案内記には、江戸の「今の流行《はや》り物」が列挙されているが、そのなかには「諸白」の名が挙げられている。

やがて菱垣廻船《ひがきかいせん》によって大量に下り酒が江戸に海上輸送されるようになった。菱垣廻船による下り酒の輸送は正保年間（一六四四〜四八）に始まり、江戸積の酒は、伊丹・池田の産地から摂津の伝法（大坂近郊）に輸送し、伝法から海送して大坂に至り、大坂から菱垣廻船に託して江戸に送られている（『灘酒沿革誌』、図26）。

菱垣廻船による海上輸送により、大坂から江戸への下り酒の出荷量が増え、幕府の命によって大坂の町奉行が調査した資料によると、享保九年（一七二四）より十五年まで七年間の、大坂から江戸への酒の積高（江戸積高）は、年間約二二万樽にも達している（「十一品江戸積高覚」『大阪市史』一）。

このように下り酒の輸送量が増えたため、これまで他の物資と混載されて運ばれていた江戸積の酒は、享保十五年から船脚《ふなあし》の速い酒荷専用船の樽廻船《たるかいせん》によって運ばれるようになった（図27）。

## 3．銘柄の新旧交代

酒の名産地というと灘が思い浮かぶが、下り酒に灘酒が参入してきたのは江戸中

図 26　菱垣廻船。舷側垣立《かきたつ》下部に檜垣《ひがき》（菱垣）の格子を付けていたことからその名がある。『諸問屋沿革誌』（平成 7 年）

図 27　樽廻船。『諸問屋沿革誌』

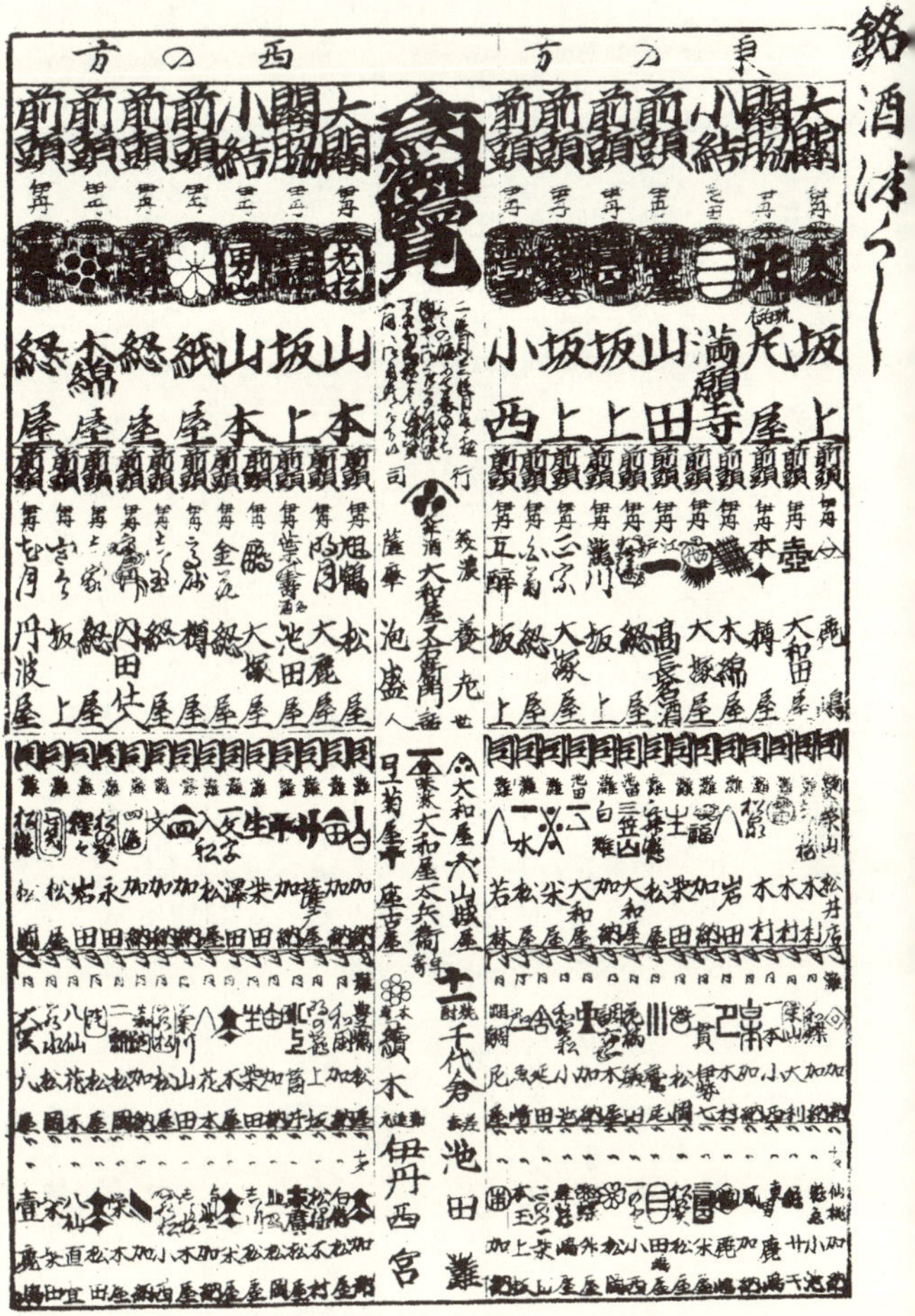


図 28　銘酒番付。上位を占める伊丹酒。「銘酒つくし」(江戸後期)

台帳』)、伊丹や池田に代って灘酒が下り酒の主役を占めるようになるのはしばらく経ってからのことになる。江戸後期のものとみられる銘酒の番付「銘酒つくし」では、まだ伊丹や池田が上位を占め、灘酒の名は前頭《まえがしら》の半ば以下に現われている(図28)。

期以降になる。灘酒の参入は、宝暦五年(一七五五)からみられるが(『下り酒問屋

新旧交代の時期を、江戸の名主の文書によってみてみると、安政三年(一八五六)十一月の記事に、

「古来、池田・伊丹は極上酒の場所であったが、池田は三、四〇年前から酒造りが衰え、現在は皆無同様とのこと。伊丹は凡そ二〇年程前までは酒造りが盛んであったが、井戸水が替ったりして酒造りは衰微してしまった。一四、五年前から灘目《なだめ》(灘の旧名)の酒がだんだんと風味宜しくなり、現在は西の宮の井戸水が酒造りに適し、極上酒造りは西の宮が盛んになっている」(『重宝録』)

とある。池田や伊丹の酒造業がしだいに衰え、それに代わって西宮を含めた灘地方での酒造りが盛んになってきた経緯が述べられている。『守貞謾稿』にも、

「昔は摂津伊丹を酒の最上とし、今も酒造家多しといへども、近年は灘目の酒を最上とす。灘目と云ふは大坂西方の近き海湾を云ふ。池田も昔は伊丹に次げり。今ははなはだ衰へたり」

とあって、『重宝録』の記述と符合する。

『重宝録』にある灘の酒が「風味宜しく」なった一四、五年前とは、天保十二年（一八四一）頃のことになるが、ちょうどこの頃、灘の西宮では酒造りに適した硬水の宮水《みやみず》が発見されている。酒造りには水が第一で、宮水を仕込み水に使うことにより灘酒の品質が高まり、銘酒の主醸地になったわけだが、それに加え、灘酒造業が先進地を圧倒して一大産地に発展した理由として、六甲山系の急流を利用した水車精米、寒造りへの集中化による品質的に優れた酒の醸造、江戸への海上輸送に有利な地理的条件などが挙げられる。

江戸時代の伊丹の酒は、「白雪」「老松」が現在も伊丹で醸造されているが、江戸で最も賞味された剣菱は、経営者が変わり、灘で醸造されている（その特色ある商標「◆」も受け継がれている）。池田の酒は「呉春」の酒蔵一軒だけが残っている。

## 4．付加価値がついた下り酒

江戸で飲まれていた下り酒には、上方では味わえない付加価値がついた。それは輸送中に生じた味の変化で、下り酒は海上輸送により美味《うま》さが増した。『万金産業袋』に、

伊丹・池田の酒は「作りあげた時は、酒の気はなはだ辛《から》く、鼻をはじき、何とやらん苦みの有やうなれども、遥《はるか》の海路を経《へ》て江戸に下れば、満願寺は甘く、稲寺には気《き》あり、鴻《こう》の池こそは甘からず辛《から》からずなどとて、その下りしまゝの樽にて飲むに、味ひ格別也。これ四斗樽の内にて、浪にゆられ、塩風にもまれたるゆへ酒の性《しやう》やはらぎ、味ひ異《こと》になる事也」

とある。満願寺は池田の満願寺屋の酒、稲寺は伊丹の稲寺屋の酒、鴻の池は伊丹の近くの鴻池の酒である。これらの酒が、はるばる海路を運ばれてくるうち、酒樽が浪に揺られ、塩風にもまれて、味に変化が生じてまるみがでて、格別な味わいにな

る、といっている。
○「やはらかに江戸で味つく伊丹酒」（誹諧媒口、元禄十一年）といった句も作られている。樽の木の香も酒に溶け込んでいる。
海上輸送により酒が美味になった。そのため、上方では、摂津から江戸へ出した酒を、再び運び戻して賞味することが行われていた。この酒を富士見酒といい、『ひともと草』（文化三年・一八〇六）には、「摂津から江戸に下した酒は、味も薫りもたぐいないものになり、世間でもてはやされているので、摂津でさえ、一、二樽残して持ち帰って、富士見酒といって賞している」とある。

幕臣であった木《き》室卯雲《むろぼううん》が、明和三年（一七六六）に、幕命によって上京した折に京都の様子を書き留めた『見た京物語』には「酒は富士見酒とて、一たび江戸へ乗出したるを賞翫す」とあって、京都でも富士見酒が賞翫されている。大田《おおた》南畝《なんぽ》（蜀山人《しょくさんじん》）も、大坂銅座に出役中の享和元年（一八〇一）に次のような書簡を知人に送っている。

「当地（大坂）は池田、伊丹近くて酒の性猛烈《さうらう》に候。（略）此間《こなひだ》江戸より酒一樽船《ふな》廻《まは》じにて被送《おくられ》候。伊丹製にて富士を二度見申《みまうし》候酒ゆへ二望嶽と名《な》付置《づけおき》申候。本名

は白雪と申候。至て和《やは》らかにて宜候《よろしき》」(「書簡」『大田南畝全集』十九)

池田・伊丹の酒は気性が荒いが、江戸から「船廻し」にして送られてきた酒を飲んだところ、至ってやわらかで美味いとしている。大坂でも富士見酒が賞味されている。南畝が飲んだ「白雪」は、伊丹の銘酒で、富士山を二度見た酒なのでそれを「二望嶽」と命名しているが、一般的には「富士見酒」と呼ばれていた。

上方では、こんな手の込んだことまでして美味い酒を飲もうと努力していたが、江戸では常に美味い下り酒が飲めたことになる。江戸の呑み倒れ文化が形成されるのには酒の味も大いに関係していた。

## 5. 元禄時代の酒問屋街

江戸には、上方から輸送されてくる酒荷を扱う廻船問屋(下り酒問屋)が生まれた。菱垣廻船による下り酒の輸送が始まった正保年間(一六四四〜四八)には、江戸に酒を扱う廻船問屋が生まれていたようで、『東京酒問屋沿革史』によると、「正保年中酒を扱ふ廻船問屋は江戸に於て三軒、大阪で七軒に過ぎなかつたが、漸次江

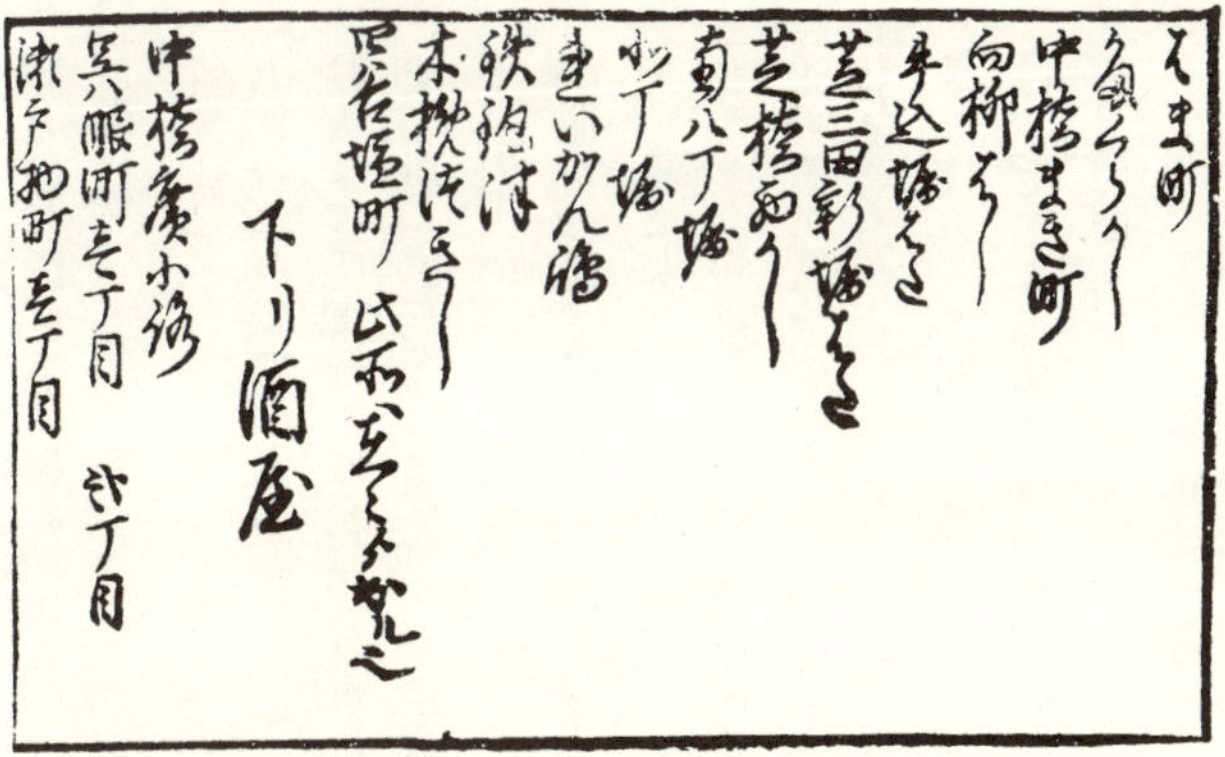


図29 「下り酒屋」。左手に下り酒屋の場所が載っている。『江戸鹿子』（貞享4年）

戸（積）の増加するに従って廻船問屋も亦増加した」としている。下り酒の増加につれて江戸の廻船問屋の数も増えていったが、貞享四年（一六八七）に刊行された江戸の町のガイドブック『江《え》戸《ど》鹿《か》子《こ》』には「下り酒屋、中橋広小路、呉服町壱丁目・弐丁目、瀬戸物町壱丁目」と、下り酒屋の所在地が記載されている（図29）。

この一つの呉服町酒問屋街の盛況ぶりについて、井原西鶴は次のように紹介している。

「上々吉《じやうじやうきち》諸白《もろはく》有、江戸呉服町を見渡せば、掛看板に名をしるし鴻之池・伊丹・池田、山本・清水・小浜、南都、諸方の名酒爰《こゝ》に出棚《でたな》のかほり、上戸は門通《かどとを》りても千代を経《へ》ぬべし」（『俗つれづれ』元禄八年・一六九五）。

「上々吉諸白」（最上級の諸白）や「諸方の名酒」の名を看板に掲げた酒屋が、江戸城呉服橋御門東側の呉服町（中央区八重洲一丁目付近）に軒を並べ、その前を通るだけで上戸《じょうご》（酒呑み）は寿命が千年も延びるに違いないといっている。

○「沢山に酒やがあってごふく町」（たから船、元禄十六年）

呉服町の地名は、この付近に幕府の呉服師・後藤縫殿助《ぬいどのすけ》の屋敷があったことに由来し、そこに呉服店が並んでいたわけではなかった。地名に反して酒屋が並んでいるおかしさが詠まれている。呉服町は今は全く様変わりしてしまっている。東京駅に近いこの辺を歩いても、ビルが林立しているばかりで、当時の面影を偲ぶことは出来ない。

その後も、酒問屋の数は増え続け、元文二年（一七三七）の「酒問屋人別書上」には、七二人の酒問屋の名が列記されていて、所在地は一一カ所に及んでいる（『東京酒問屋沿革史』）。

## 6. 新川の酒問屋の賑い

やがて、新川が下り酒の酒荷を扱う一大集散地になっていった。新川というのは、霊巌島を南北に分ける堀（運河）の名であるが、一般にはこの堀川の両岸の町を総称して新川といっていた。

前述の「酒問屋人別書上」には、新川の酒問屋の名が二三人みえている（北新川に一六人、南新堀に七人）。この頃には、酒問屋の約三分の一が新川に集中していたことになる。

○「新川はよしあし共にかんではき」（万句合、明和二年）

新川での酒の取引の様子で、酒を口に含んではき出して利き酒をし、酒の値決めをしている。酒問屋では「蔵手代が、買人《かいて》を酒蔵へ案内して、望《のぞみ》に応じて利酒《きゝざけ》をさせ、拾両で幾樽と直《ね》を極《き》めて売買」（『万金産業袋』）していた。

さらに新川は「南北に軒を並べし、新川新堀の問屋の数、両岸の蔵の小口《こぐち》（入り口）にても知るべし」（『古朽木《ふるくちき》』安永九年・一七八〇）といった状況に発展し、新川の両岸には夥しい数の酒問屋が軒を並べるようになっていた。

新川
酒問屋

図 30 「新川酒問屋」の賑い。『江戸名所図会』（天保 5〜7 年）

『江戸名所図会』（天保五～七年）には「新川酒問屋」の賑い振りが細部にわたって描かれている（図30）。下り酒を積んだ艀船《はしけぶね》が往来し、陸揚げされた酒樽が酒蔵に運び込まれ、酒問屋の前には酒樽が積まれている。酒樽を大八車にのせて運搬する人（右下）もいて、下り酒が運ばれていく様子も描かれている。

今、新川堀は埋め立てられ、かつての賑い振りを目の当たりにすることは出来ない。旧川口近くの新川公園に立てられた「新川の跡」の立札には、

「この新川は豪商河村瑞賢が諸国から船で江戸へと運ばれる物資の陸揚げの便宜を図るため、万治三年（一六六〇）に開さくしたといわれ、一の橋の北詰には瑞賢が屋敷を構えていたと伝えられています。当時、この一帯は数多くの酒問屋が軒を連ね、河岸にたち並ぶ酒蔵の風景は、数多くのさし絵や浮世絵などにも描かれました。昭和二十三年、新川は埋め立てられました（以下略）」

とある。

# 五　酒造規制と規制の緩和

## 1. 江戸幕府の酒造規制

酒造りには大量の米を必要とした。『和漢三才図会』（正徳二年）に、米八石から「清酒」が「大体、八石ばかりが得られる」とあり、『日本山海名産図会』（寛政十一年）には、伊丹の一酒造家の例として、八石二斗五升から九石余りの酒が得られている、とある。清酒一石を造るのに、ほぼ同量の米が使われている。

『日本食志』（明治十八年）も、

「尾張知多郡ノ例ヲ挙《あぐ》ルニ、文政ノ頃マデハ、元来、（米）十石毎ニ清水ヲ交ユルコト五石五斗ニシテ、清酒九石五斗ヲ得ルノ率」

としていて、清酒一石に米一石の比率は、文政年間（一八一八〜三〇）頃まで続いている。明治時代になると次第に加える水の量が増え、「今日（得られる酒は）十七石四斗ニ至レリ」（同書）、米一石から一・七石の清酒が得られるようになったとしている。それにしても酒造りには大量の米を必要とした。

農民からの年貢を財源にして成り立っていた幕藩体制にとって、米価の安定策は極めて重要だった。大量に米を消費する酒造りは米価に影響を及ぼすため、酒造量が絶えずコントロールされていた。江戸時代には、だれでも勝手に酒造りをすることができなかった。幕府は、酒造株（酒株）制度を設け、酒造業者には株高（酒造高・酒造米高）を表示した酒造株札を交付し、これを所有する酒屋のみが酒造りを許された。酒屋は株高を超えて酒造りをすることが許されなかったが、その上さらに、その年の豊凶や米価の動向によって絶えず酒造量が制限された。

幕府の酒造制限令は、早くも寛永十九年（一六四二）に出されているが、万治元年（一六五八）からは毎年のように出されるようになった。酒造制限令は酒造高の半減令、さらにその半減令の半分造り令（酒造高の四分の一令）といったように出されているが、寛文十年（一六七〇）に出された制限令には「諸国在々所々にて当戊年寒作《かんづくり》の酒八木（米）員数の儀、去年の通りこれを作るべし。（略）以来迄（今後は）当座造《たうざづくり》の新酒は停止《ちやうじ》たるべき事」とあって、酒造量だけでなく酒造季についても制限されるようになった。

寒造りとは、寒入り（一月五日頃、旧暦では十二月五日頃）から寒明け（立春の日）までに醸造する酒で、これ以外の時季に造るのが「当座造り新酒」になる。寒造りの時季は、すでに米の収穫が終わっていてその年の作況が確認できる。酒造量を決めやすくするため酒造季を限定しているが、さらに翌年には冬造りも禁止している。冬造りとは寒造り前後に醸造する酒のようで、寒造りと時季的に紛らわしいので禁じたようだ。

以後、酒造りは寒造りのみが許可され、その年の状況に応じて酒造量が制限されていた。

## 2．追い風になった「勝手造り令」

酒造制限時代が続いていたが、宝暦四年（一七五四）に、酒造制限を解除する「勝手造り令」が出されるにいたった（『御触書宝暦集成』一三八三）。豊作で米が値下がりしたためで、「勝手造り令」といっても、無制限に酒造りが許されたわけではなく、「元禄十丑の年の定数迄は新酒・寒造等勝手次第たるべし」と、元禄十年(一六九七)に決められた酒造高までは造ってもよいとするものであったが、長年禁じられてきた寒造り以外の醸造も認められている。条件付きではあったが、ひとたびこのような「勝手造り令」が出されると、それをはるかに超える酒が造られるようになった。

その間の事情は、寛政の改革で名高い松平定信の自叙伝『宇下人言《うげのひとこと》』(寛政五年頃)に詳しく述べられている。

「酒造りというものがことに近年多くなっている。元禄のつくり高を今では株高という。その後、(その株高の)三分の一などに減らさせたが、米が安くなったので、(宝暦四年に)その株高以内なら勝手に造ってもよいと仰せ出されたのを、株高は名目ばかりになって、いくらでも造ることが出来ると思い違いして、造り高と株高とは二つに分かれて(別々になって)、一〇石の株で一〇〇石を造っている者もいるし、万石も造っている者もいる。このため酉年(寛政元年)のころより諸国の酒造りを調査したところ、元禄の造り高よりも、今の三分の一造り高の方が二倍余りも多くなっている。西国辺より江戸に入ってくる酒はどのくらいあるか知れない。このため東より西へ移る金銀もどのくらいあるか知れない」

宝暦四年の「勝手造り令」以後、元禄十年に各酒造メーカーに割り当てられた株高（酒造高）は有名無実になり、歯止めがきかなくなっている。「勝手造り令」が出されたのは、居酒屋が出現してきた頃のことになる。規制緩和によって市場に出回る酒の流通量が増えた。その後も規制緩和は天明六年（一七八六）まで続き、居酒屋にとって追い風になった。

# 六　関東の地廻り酒

## 1. 江戸の地酒

「勝手造り令」が出されてから三〇年後の天明三年（一七八三）から始まった凶作による飢饉（天明の大飢饉）のため、天明六年には酒造制限令が復活したが、相変わらず江戸には大量の下り酒が運ばれていた。こうしたなかで、天明七年に松平定信が老中首座に就任し、寛政の改革がはじまった。江戸に幕府が開かれてすでに一八〇年ほどが経過していたが、まだ商品の生産力や品質は西の方が優れていて、西高東低の時代が続いていた。商品は西から東へ、貨幣は東から西へと流れていた。

特に酒造業ではそのギャップが顕著で、関東の酒造業は規模も小さく、酒の品質も劣っていた。そのため、上方の「下り酒」が関東の「地廻り酒」を圧倒し、江戸

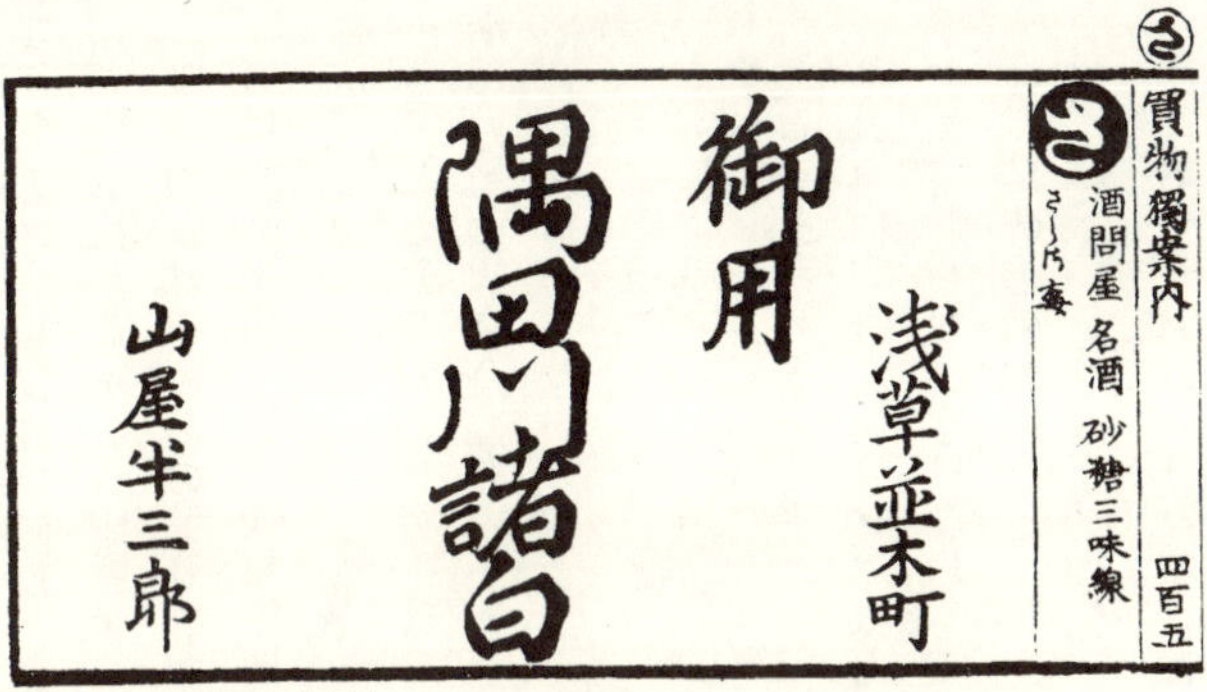


図31 『江戸《えど》買物独案内《かいものひとりあんない》』（文政７年）に載る「隅田川諸白」。

のマーケットで大きなシェアを占め、定信をして「西国辺より江戸に入ってくる酒はどのくらいあるか知れない。このため東より西へ移る金銀もどのくらいあるか知れない」（『宇下人言』）と言わしめている。

　江戸の地酒に銘酒がないわけではなかった。その第一が浅草並木町（浅草寺雷門前の町名）の山屋半三郎製「隅田川諸白」で、『道聴塗《どうちょうと》説《せつ》』（文政八～十三年）に「上戸の常に用ゆべきは池田・伊丹・灘の酒に越ゆるものなし。東武の製は、浅草山屋が隅田川を第一とす」とある（図31）。山屋が「隅田川」を製していたことは、『浅草寺日記』（寛政九年八月二十三日）に「隅田川銘の儀は享保七寅年中、伝法院僧正より半三郎へ隅田川の水にて酒製いたし、右の銘にて商ひ候様相免《ゆる》され、則ち半三郎方にて数代商ひ候事に候」とあり、『続江戸砂子』（享保二十年）にも「隅田川諸白　浅草並木町　山屋半三郎　隅田川の水を以《もっ》て元《もと》を造《つく》ると云」とある。「隅田川」はその名の通り隅田川の水で製していたようだが、『江《え》戸塵拾《どちりひろい》』（明和四年）は「隅田川諸白　浅草雷門前に有り。本所中ノ郷細川備後守殿下屋敷の井の水を汲て製すなり」としている。

さらに江戸の銘酒には、浅草駒形町の内田甚右衛門製の「宮戸川《みやとがわ》」と「都鳥《みやこどり》」があった。『和合人《わごうじん》』初編（文政六年）では、三人の登場人物が、宮戸川の徳利を前にして、

「茶見「（略）アアい、色だナ。どふでも隅田川はい、ぜ」張「べらぼうめへ、浅草で名酒さえ見ると、隅田川だと思ふやつサ。是は宮戸川と申す御酒《ごしゅ》だハ」茶見「何、宮戸川。ヲヤほんにナア、浅草駒形町内田甚右衛門と、なる程こりやア初《はじめ》ておちかづきになる」矢場「なんだあの内田を知らねえか」茶見「馬鹿アいふ。駒形の内田をしらねえものが有るものか。内田ハしってるが、此の酒の事よ」矢場「やつぱり気がきかねえのだ。今時宮戸川をしらねえものが有るものか。ちつとおつりきな家《うち》には、都鳥といつた樽が一本ねえと、台所がしまらねへ

図32　「宮戸川」の徳利を囲んでの酒宴。『和合人』初編（文政6年）

様だわ」

といった会話を交わしながら、宮戸川を飲んでいる（図32）。

「今時宮戸川をしらねえものが有るものか」とあって、当時、宮戸川が江戸っ子に愛飲されていたことがわかるが、ここには都鳥の名もみえる。都鳥については、次のような句が詠まれている。

○「都鳥呑ば足まで赤くなり」

（柳一一五、天保二年）

都鳥は百合鷗《ゆりかもめ》の雅称で脚が赤い。

宮戸川は浅草辺における隅田川の別称である。都鳥も、在原業平が隅田川に差し掛かったときに詠

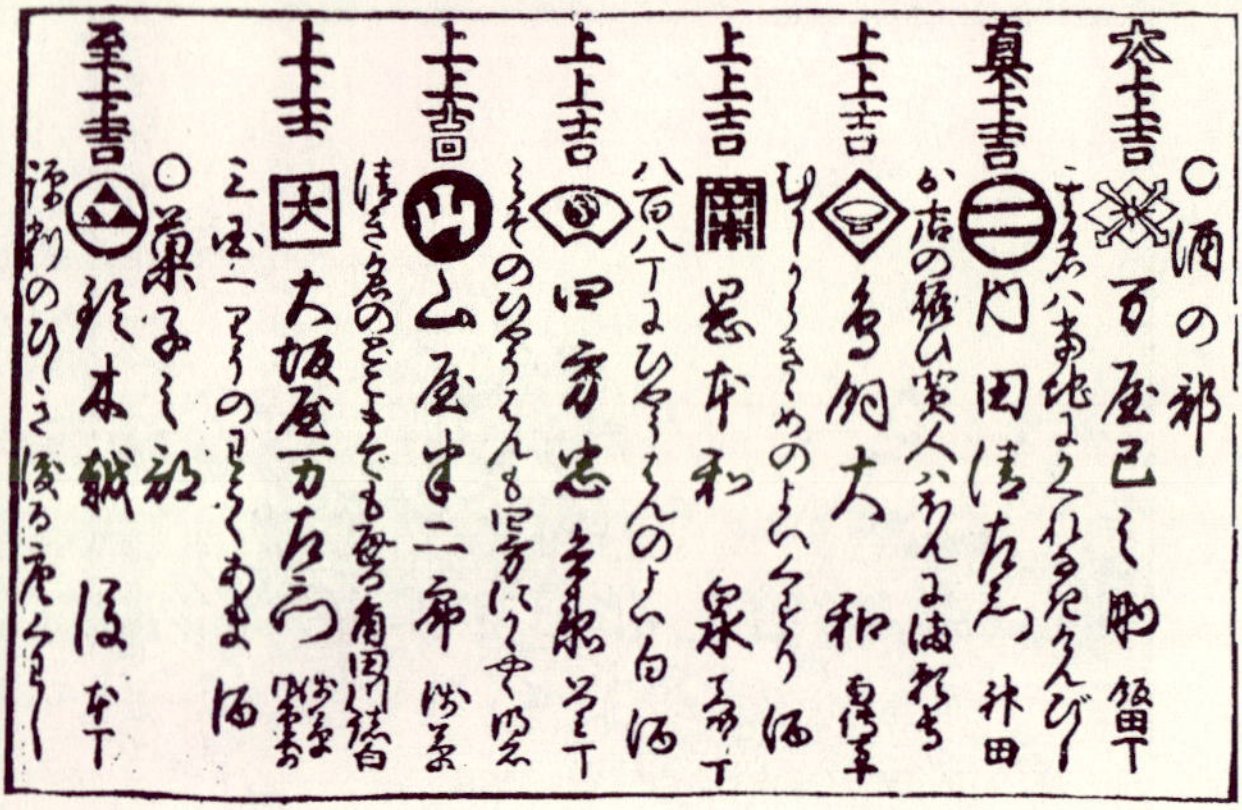

図33　酒のランク付け。右（上位）から「けんびし」「満願寺」「くすり酒」「白酒」「明石」「角田川諸白」「あま酒」の順になっている。『富貴地座位』「酒の部」（安永6年）

んだ歌「名にし負《お》はば　いざ事とはむ宮こ（都）鳥　わが思ふ人はありやなしやと」（『伊勢物語』十世紀）により「隅田川の都鳥」として有名である。

　したがって、「隅田川諸白」「宮戸川」「都鳥」の江戸三大銘酒は、江戸の暮らしと密接に関わりのあった隅田川縁《ゆか》りの酒名ということになる。

　江戸の人々に親しまれた銘酒も造られていたが、伊丹や池田の酒の方が高く評価されていた。『富《ふ》貴地座位《きじざい》』（安永六年）の「酒の部」には、銘酒がランク付けされているが、それをみると「角田川諸白」より「けんびし」（伊丹）や「満願寺」（池田）の方が上位にランクされている（図33）。先に述べた『道聴塗説』にも「上戸の常に用ゆべきは池田・伊丹・灘の酒に越ゆるものなし」とあって、江戸の酒は下り酒に比べて質量ともにかなわなかった。

## 2.「御免関東上酒」の試み

松平定信は、金銀が西へ移るのを防ぐ対策として、下り酒の江戸入荷量を制限したりしているが、その一方で、寛政二年（一七九〇）に下り酒に対抗できる上質の地廻り酒を造り出す政策を打ち出し、武蔵と下総の一一軒の酒屋に、米を貸し付けて「上方酒同様の上酒」（御免関東上酒）を試造《ためしづくり》するよう申し渡した。こうして試造された酒は、問屋を通さず直売することが許可され、「御免関東新製上酒」の看板を掲げて霊巌島、茅場町・小網町・神田川辺の船付場に設けた直売所で売り出されているが、その評価は芳しくなかった。

定信の側近の水野為永が、寛政の改革中の様子を記した『よしの冊子』（文政十三年）には、この関東上酒が出回って、

「萬（満）願寺、剣菱の銘酒迄もこの上直段《ねだん》引さがり申すべしと、江戸中相こそり上戸ども悦び、越中様（定信）の御かげだと申候由のさた（評判）」

をして、酒飲みは下り酒の値が下がることを期待したが、

「御免新酒之事、直段も安くうまみも有と悦《よろこび》候ものもこれあり。又こうじくさく甘たるく、直《ただち》に逆上して痔にあたる、胸にあたる。この節、田舎新酒の方は、水の様でうまくもないが、新酒の気で呑むからよい。御免と出るから、格別な事だと思って買た所が、直段は田舎新酒同様の事。少しうまい所はあるが、それは新規に出た酒屋だから、少しはその位の処《ところ》はなくてはならぬと、善悪評判まちまちのさた」（寛政二年九月）

であったが、三カ月後には、

「御免の酒も当分計《ばかり》にて（売り出し当時限りで）、その後は買人もこれなく、元よ

り至て薄酒《うすさけ》故、この節は一向売れ申さず候間《あひだ》、いよいよ古酒（火入れ後、一定期間貯蔵した酒）並びに下り新酒も格別に直段引上候よし」（寛政二年十二月）

といった始末で、下り酒の値段はかえって上がってしまっている。

定信は、その努力にもかかわらず、下り酒並みの良質な酒を関東で生み出すことはできないまま、寛政五年（一七九三）に老中を免ぜられた。江戸では相変わらず下り酒がもてはやされていくが、「御免関東上酒」の試みが導火線となって、関東酒の質が向上し、生産量も増え、江戸に出回る地廻り酒が増加した。

寛政七年（一七九五）から享和元年（一八〇一）迄の七年間の「平均一カ年分」の「下り酒・地廻り酒」の「江戸入津高」は、九二万九五二二樽に及んでいるが、この内、下り酒は八一万五五三〇樽余、地廻り酒は一一万三九九〇樽余となっていて、地廻り酒が一二パーセントを占めるに至っている（『寛政享和撰要類集』「酒造之部」）。

『守貞謾稿』も、江戸に運び込まれる酒の量について「天保府命前、下り酒の樽数、毎年おほむね八、九十万樽」に及び、「また別に、江戸近国近郷にて醸す物を、地廻り酒と云ふ。この数大略、十万樽と聞けり」と、同様の数量を示している。

『守貞謾稿』にある「天保府命前」とは、天保の改革(一八四一~四三)前のことになる。十九世紀前半頃の江戸では、地廻り酒も加わり、毎年九〇万樽超の酒が消費されていた。

# 七　酔っ払い天国・江戸

## 1．江戸は呑み倒れの町

十九世紀前半、江戸市民は毎年九〇万樽超の酒を飲んでいた。酒樽（四斗樽）一樽は、実際には三斗五升入りのようなので、九〇万樽としても、その量は五万六七〇〇キロリットルになる。これを、当時の江戸の人口を一〇〇万人と考えて、一人当たりの消費量で計算してみると、一日約一五五ミリリットルの酒（清酒）を飲んでいたことになる。

今はどうかを、国税庁発表の平成二十三年度分「酒類販売（消費）数量等の状況表（都道府県別）」でみてみると、酒の消費量は東京が一番多くて、成人一人当たり一日三〇一ミリリットルとなっている（全国平均は二二四ミリリットル）。現代人の方がずっと多いが、これは成人一人当たりの数字で、江戸と同じ基準の住民総数で計算すると、一人当たりは一日二五五ミリリットルとなってその差は狭まる（全国平均では一八二ミリリットル）。これでも現代人の方が多いが、現在の清酒（日本酒）の消費量は、一人当たり一日一五ミリリットル程度（シェア六パーセント）と、江戸と比べかなり少なく、アルコール分が清酒の三分の一程度のビールや発泡酒が半分近くを占めている（アルコール度数の高い焼酎のシェアは九パーセント）。アルコール分で比べれば江戸市民は現代人に劣らず酒を飲んでいたといえそうだ。

さらに、江戸の町には、清酒以外にもかなりの量の濁り酒（どぶろく）が出回っていた。天保八年（一八三七）の記録によると、これまで「濁酒手作り渡世《とせい》」の者は三三〇人だったのが、天保七年には一五三三人が新規参入し一八六三人に増えた、とある（『幕末御触書集成』四三七八）。天保四年に始まった大飢饉により、米価が高騰し、幕府は酒造石高を三分の一に制限する命令を出して対応したが、さらにこれを徹底させるため江戸へ入荷する酒樽数も三分の一に制限した。このため江戸市内に出回る酒が底をつき、その穴を埋めるために濁り酒を手作りする者が多数出現した。濁り酒も米を原料にして造るため、当然町奉行は取締りに当たっており、この急激的な増加は一時的な現象とみられるが、江戸には、常時三〇〇軒を上回る「濁酒手作り」人がいて、需要に応じてその数は増えていた、とみることが出来る。濁り酒を加えたならば、江戸市民の飲む酒の量はかなりのものになっていたに違いない。

安価な濁り酒を売り物にしていた居酒屋にとって、その仕入れ先は多数存在していたことになる。

大坂に住む狂歌師筆彦が撰した咄本『軽《かる》口《くち》筆《ふで》彦《ひこ》咄《ばなし》』（寛政七年）に「江戸の呑だ

図34　上戸《じょうご》（酒飲み）。「上戸《せうこ》のみ（呑み）中座《ちうざ》をするは下戸《けこ》ひとり」とある。『たねふくべ』八集（弘化２年）

をれ京の着だをれ」「大坂はくひだをれ」といった三都（江戸・京都・大坂）の比較がみえる。大坂人からみると江戸は呑み倒れの町に映っていた（図34）。

## 2．将軍綱吉の大酒禁止令

大坂人からみると江戸市民は酒好きにみえたが、西洋人からみると日本人自体が異常な酒の飲み方をしているように映っていた。

信長・秀吉の時代に在日していた宣教師ルイス・フロイス（在日一五六三〜九七）は、その著『日欧文化比較』（天正十三年・一五八五）で、

「われわれの間では誰も自分の欲する以上に酒を飲まず、人からしつこくすすめられることもない。日本では非常にしつこくすすめ合うので、あるものは嘔吐し、また他のものは酔払う」

「われわれの間では酒を飲んで前後不覚に陥ることは大きな恥辱であり、不名誉である。日本ではそれを誇りとして語り……」

と、西洋人と日本人との酒の飲み方の違いに触れ、日本人はしつっこく酒をすすめ合って酔っ払い、前後不覚に酔っ払ってもそれを恥とはしないと指摘している。このような日本人の酒の飲み方に五代将軍綱吉はブレーキを掛けようとした。

綱吉は元禄九年（一六九六）八月十七日に次のような触れを出した（『御触書寛保集成』二二四五）。

（一）酒に酔い、心ならず不届《ふとど》きな行いをする者がいる。兼ねてから大酒を飲むことを禁止しているが、今後はいっそう飲酒を慎むこと。

（二）客などがあっても、酒を強いてはいけない。酒狂いの者があれば、酒を飲ませた者も越度《おちど》とする。

（三）酒商売をする者を減らしていくこと。

まさにフロイスが指摘した大酒を飲んで悪酔いしたり、他人に酒を強要したりすることを禁止する内容になっている。また、これを実現するには酒屋を減らすことも必要と考えている。綱吉は一連の「生類憐みの令」と総称される触れを出して動物を愛護したことで有名だが、酒は嫌いだったようで、この触れを月番老中の土屋政直が他の老中や若年寄に伝えたとき、「上（綱吉）は酒嫌いなので各自慎むように、また配下にもそれぞれ慎むよう申し渡すように」と申し渡している（『年録』）。この幕令は町奉行から江戸の町にも「御触」として伝えられている（『正宝事録』八四四）。

翌年の十月にも再び大酒禁止令が出された。この禁令は、江戸市中の造り酒屋に対し「抽税《ちゆうぜい》」（運上金）を課したときに付け加えられていて、「又大酒を禁ぜらる、こと、去年八月十七日の令に同じ」とある（『徳川実紀』六篇）。この運上金は、当時悪化していた幕府財政を補塡するものであったが、酒を値上げすることによって、酒の流通量を減らし、大酒を抑制しようとする思惑もあったようだ。

造り酒屋に対する運上金は、江戸市中に限らず全国の造り酒屋に課せられ「時々の相場に五割ほど高く商売し、その五割増しの分を運上金として今後は差し上げること」（『正宝事録』八六五）というものだった。酒の元売り価格に五〇パーセントもの消費税を課すもので、運上金制度は非常に評判が悪く、綱吉が宝永六年（一七〇九）一月に没すると、間もなくこの年三月には廃止されている。

大酒禁止令の方は撤回されていないが、もともと綱吉の個人的な酒嫌いから発せられたもので、綱吉の没後には有名無実になっていて、その後このような禁令が出されることはなかった。この触れから一五〇年ほど経った天保十三年（一八四二）正月に、北町奉行所の同心が、次のような「北町奉行所同心上申書」（「市中取締類集」二）を町奉行に差し出している。

「大酒を禁止することや客に酒を強いてはいけないといった御触れが元禄九年に出されているが、その後はこのような御沙汰もないので、近年は下々《しもじも》の者たちが、この御触れがあるのも弁《わきま》えず、秩序をみだして大酒することを自慢にする者もあって、やがては口論等に及んでいる。このたびこの御触れをまた改めてお出しになれば、町人たちの行跡や風儀が改まるのでは」

と再び触れを出すよう上申している。

## 3．幕府の酔っ払い取締り

綱吉の死後、幕府は酔っ払いを放置していたわけではなく、酒狂《しゅきょう》（ひどく酒に酔うこと）により問題を起こした者へは厳しい処罰規定を設けて取り締った。八代将軍吉宗のときより処罪規定が明文化され、酒狂により、人を殺したり、暴力をふるったりした者は次のような処罰を受けた（『徳川禁令考』後集第四）。

（一）「酒狂にて人を殺した者」は死罪。

（二）「酒狂にて人を疵つけた者」への処罰は、武家奉公人に厳しく、町人・百姓との違いがあった。武家奉公人は、主人へ預け置き、疵が平癒次第、療治代を出させた。療治代は、疵の多少によらず、中小性《ちゅうごしょう》（小姓組と徒士《かち》衆の間の身分）は銀二枚（金一両二分位に相当）、徒士《かち》は金一両、足軽・中間《ちゅうげん》は銀一枚と定められた。療治代を出せない者は刀・脇差《わきざし》を疵つけられたものに取らせたが、延享四年（一七四七）からは所定の療治代を払わせた上、江戸払《えどばらい》（江戸から追放）に処して、処罰を強化している。町人百姓は、牢舎の上、疵が平癒次第、療治代を出させたが、延享元年（一七四四）には「町人百姓は銀壱枚、軽き町人百姓は右に准じ、療治代を渡させ申すべき事」と療治代の金額が定められた。ちなみに金一両は今の七万五〇〇〇円位に相当する（二一四頁参照）。

（三）「酒狂にて人を打擲《ちょうちゃく》（なぐること）した者」への処罰は、（二）と大差のないものであったが、武家奉公人は、（二）に定められた療治代が払えない者は、刀・脇差は取上げずに、身上限りの諸道具を取り上げて打擲されたものに取らせる、としている。町人百姓は、牢舎させ、療治代を出させることにしているが、金額の指定がみられない。実費を出させたのであろうか。

厳しい処罰規定はあったが、大酒そのものが禁じられている訳ではなく、「火事と喧嘩は江戸の華」といわれたように、酔ったうえでの喧嘩が絶えなかった。「北町奉行所同心上申書」にあるように、大酒を自慢にする者もいた。酒の量を飲み競って自慢にする大酒会も催されている。大酒会は早い時期から催されていて、山東京伝の書いた『近世奇跡考』（文化元年）は「酒戦、慶安（一六四八〜五二）の頃、大いにおこなはる。樽次・底深（いずれも人名）大将となり、敵味方と分れ、あまた酒兵を集め、大盃をもつて酒量を戦かはしめて、勝劣を分かつ戯《たはぶ》れなり」とし、その様子を描いた「酒戦図」を載せている（図35）。

その後もこのような酒戦が催されたか不明だが、十九世紀に入ると大酒会が再び流行している。深川の商人・青葱堂冬圃《せいそうどうとうほ》の『真佐喜のかつら』（明治前半頃）には、「享和より文化の頃、東都にて大食会という事流行して、甲乙をつけ、判付《はんづけ》（番

図 35 「酒戦図」。二組に分かれて酒量を競う様子が描かれている。『近世奇跡考』（文化元年）

付）に人名を記してもてはやす。予幼き時、父につれ立て、柳橋万八楼にこの会あるを見に行き、府内はもちろん、近在よりも心得たる者は来り会す。見物も多くありて花々《はなばな》しき事なり。まず上戸・下戸と席を左右に分けて、中央に行事の世話人が座る。双方の飲食の員数を帳に記し、また張り出す。その日上戸の大関は、医師の薬箱のふたにて酒一杯半、関脇同じく黒椀にて三十一杯、下戸の大関黒砂糖二斤、唐がらし五合程、関脇大饅頭七十二、二八《にはち》盛蕎麦二十八、その余皆これに准ず。その判付持ち居たれど失ひぬ」

図36 「酒合戦」。『高陽闘飲』（『後水鳥記』）（文化12年）

とあって、享和・文化（一八〇一〜一八）にかけて大酒会が流行している。ここには「大食会」とあるが、正しくは「大酒・大食会」ということになる。

この時期の大酒会で評判になったものの一つが、文化十二年十月二十一日に千住宿《せんじゆじゆく》で中屋六右衛門という者の還暦祝いに酒豪が集まって開かれた酒合戦だった。当日の参加者は一〇〇人余りで、五合から三升まで六種類の盃が用意されて酒量が競われた。主なところでは、下野《しもつけ》小山の佐兵衛の七升五合、吉原の伊勢屋言慶が三升五合余り、馬喰町大坂屋長兵衛が四升余り、千住掃部宿《かもんじゆく》の農夫市兵衛が四升五合、千住の米屋松勘が三升七合を飲み干している。これには女性も参加していて、天満屋の美代女は一升五合を飲んで酔った気色をみせず、菊屋のおすみは二升五合を飲み干し、おつたは七合の酒を飲んでその場に酔い臥している。女性の酒豪もいた（『高陽闘飲』〔『後水鳥記』〕文化十二年、図36）。

数字には誇張もあるかと思えるが、まさに江戸は大酒を飲むことを自慢できる呑み倒れの町だった。

## 4．江戸の酔っ払い番付

今では少し酒に酔った状態を「生酔《なまよい》」というが、江戸ではひどく酒に酔った人を「生酔」といっていた。『物類称呼』（安永四年・一七七五）に「酒狂人を東国にてなまゑひ、又よつぱらひといふ。大坂にてよたんぼといふ」と出ている。生酔の句をいくつか取り上げてみた。

○「酔はせぬとは生酔の古句なり」（万句合、明和八年）

酔えば酔うほど、自分は酔っていないと主張する。

○「酔いがさめるとうそをつく工夫なり」（万句合、安永五年）

酔っ払って前後不覚になって、大金を使ったか、朝帰りになったか。いずれにせよ家に帰ってうまくごまかす工夫を凝らしている。

○「大生酔を生酔が世話をやき」（万句合、安永六年）

酔っ払い同士では、生酔が大生酔の面倒を見ることになる。

小咄本『夕涼新話集《ゆうすずみはなしあつめ》』（安永五年）には次のような小咄が載っている。友達同士三人連れで飲みに行き、一人が正体もなく酔っ払ってしまい、二人で背負って家まで送り届けたが、途中で帯が緩んで本人が抜け落ちてしまい、届けたのは着物だけだった。女房に、「人を落としておくといふ事があるものか」と非難され、探しに戻り、途中で丸裸になっている亭主をみつけて抱えて帰る。亭主への仕打ちに女房は腹を立てるが「腹を立てるのはもっともだが、おまえは仕合せな人だ。落としたのは我等が誤《あやま》りだが、よく人が拾わなかったもんだ」というのが落ちになっている。酔っ払い同士の滑稽ないきさつが、笑い話の話題として取り上げられている。

生酔にも程度に応じて違いがあり、それがランク付けされている。江戸時代には身の周りのさまざまなものを取り上げてランク付け（位付《くらいづけ》）をすることが流行していた。ランク付けの対象は歌舞伎役者をはじめ、遊女、学者、医者、力士、評判娘、食べ物、食べ物屋などあらゆる領域に及んでいたが、酔っ払いも対象にされた。

生酔のことを「ずぶ六」ともいい、酔っ払いのランク付けは「ずぶ六」が基準となっている。ずぶ六の「ずぶ」はずぶぬれ、ずぶの素人のずぶと同じ、まったく、すっかりの意。「六」は擬人化するための語で、「うちの宿六（主人）」とか「総領の甚六」（ぼんやり育った長男）などと使われている。ずぶ六とはひどく酔った人のことをいい、略して「ずぶ」ともいった。

○「づぶになるともりで下戸を誘ふ也」（柳九、安永三年）

酔っぱらったあとの面倒を見てもらおうと下戸を誘っている。

酔っ払いのランク付けは「ずぶ三」から始まり、程度に応じて数字が上がっていった。

○「づぶ三の頃が酒盛りおもしろし」（柳九六、文政十年）

「ずぶ三」くらいの酔いならばまだ宴会は楽しいが、だんだん酔いが回って、

○「づぶ六は寝るがづぶ五は手におへず」（柳一〇一、文政十一年）

「ずぶ六」になると酔って寝てしまうのでまだましだが、始末に負えないのがその一歩手前の「ずぶ五」の連中で、人にからんだり、喧嘩や口論がはじまったりする。

○「づぶ七に成つて生酔手におへず」（柳一〇八、文政十二年）

「ずぶ七」にまでなると、生酔（ずぶ六）では手に負えなくなる。さらにひどくなって「ずぶ十二」ともなると、

○「づぶ十弐それ雑巾よ耳盥」（柳一〇八、文政十二年）

耳盥《みみだらい》を出す騒ぎになる。耳盥は左右に耳状の柄のついた盥をいい、多くは漆器で口すすぎや手洗いに用いた。

江戸っ子は酔っ払いをきめ細かく観察し、その程度に応じた分析をしている。

一気飲みも盛んに行われていて、「青つきり」とか「ぐい飲み」といった。「青つきり」とは、青い切り、青切りともいい、筒茶碗の外側上部に引き回した青色の線

まで酒をみたすことから生まれた言葉で、酒をなみなみと注ぎ、それをあおるように呑みほすことをいった。

○「筒茶碗青切り飲んでほふり出し」（俳諧けい二一、文化十年）

とあるように、やけ酒を飲む場面によく使われている。

「ぐい飲み」も茶碗酒をぐいと一気にあおることをいったが、大きくて深い杯のことをぐい飲みともいうようになった。

# 八　居酒屋と縄暖簾

## 1．縄暖簾を下げていなかった居酒屋

今では、居酒屋というと縄暖簾《なわのれん》とイメージされるようになっているが、江戸の居酒屋は縄暖簾を下げていなかった。居酒屋が縄暖簾を下げるようになるのは、居酒屋が生まれてしばらく経ってからのことになる。

『葉桜姫卯月物語《はざくらひめうづきものがたり》』（文化十一年）という絵本に描かれた居酒屋をみると、店の外側に設けられたショーケースに魚や蛸をぶら下げ、皿に盛った料理を並べている。この店では店頭にメニューのサンプルを見せて客の目を惹いている（図37）。居酒屋では人目に付きやすい店先に売り物の魚鳥類をぶら下げているのがよくみられ、川柳にはその様子がたくさん詠まれている。

図37　店先に魚や蛸を吊るした居酒屋。料理の皿も並べられている。客はチロリで酒を飲んでいる。『葉桜姫卯月物語』（文化11年）

○「居酒見世首実検をして入り」
（万句合、安永二年）

店先には魚鳥類が吊るされ、それを客が「首実検」（品定め）しながら店に入っている。安永二年（一七七三）の句で、居酒屋は早くから客寄せに魚鳥類を吊るしていた。

○「居酒屋の軒ゆで蛸の削り懸」
（柳別篇中、天保四年）

軒に吊るされたゆで蛸を「削り懸《かけ》」に見立てている。「削り懸」とは、柳の枝を細く削り、茅花《つばな》の形に作ったもので、正月十五日の小正月に、邪気を払い福を招くまじないとして家ごとにこれを軒に吊るす習慣があった（図38）。吊るされたゆで蛸はこの「削り懸」に似ている。洒落本の『新吾《しんご》左《ざ》出放題盲牛《でほうだいもうぎゅう》』（天明元年）では、江戸に出てきた田舎者が煮売屋の軒に掛けた蛸を見て、「あいぜん明王の煮あげか」といって驚いている。愛染明王は、全身赤色で、三目、六臂《ろっぴ》（六本の腕《うで》。足を入れれば八本になる）、頭に獅子の冠を戴いていて、ゆで蛸によく似ている。ここでは蛸が愛染明王に見立てられている。「見立て」とは、江戸時代に流行した、対象を他のものになぞらえて表現する技法で、その技法が巧みに取り入れられている。

『敵討《かたきうち》鶯《うぐいす》酒屋《さかや》』（文化三年）には、蛸を吊るした居酒屋の絵が出ている。田舎の居酒屋のようで、蛸の右には「弁慶」が吊るされている（図39）。

弁慶とは、『物類称呼』に「関東にて巻藁《まきわら》を尺余り（三〇センチ余り）に制《つく》り、縄《なは》

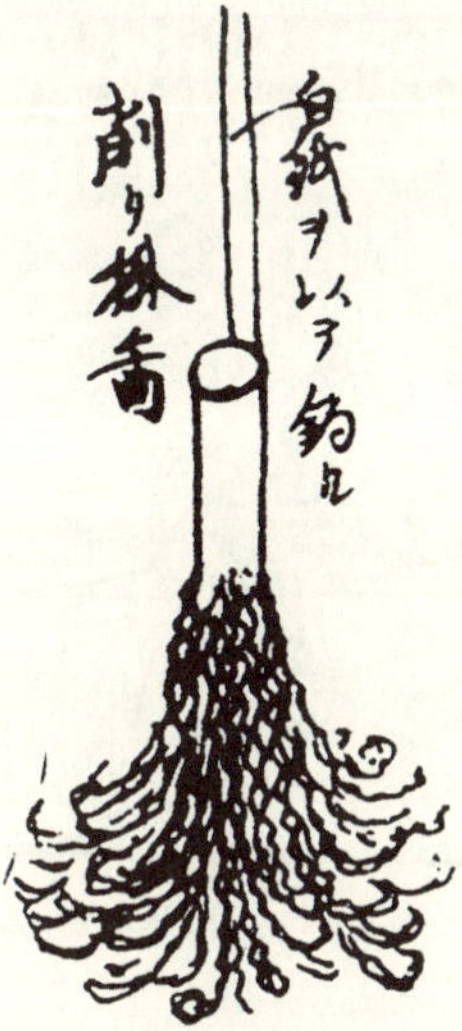

図38 「削リ掛図」。『守貞謾稿』（嘉永6年）

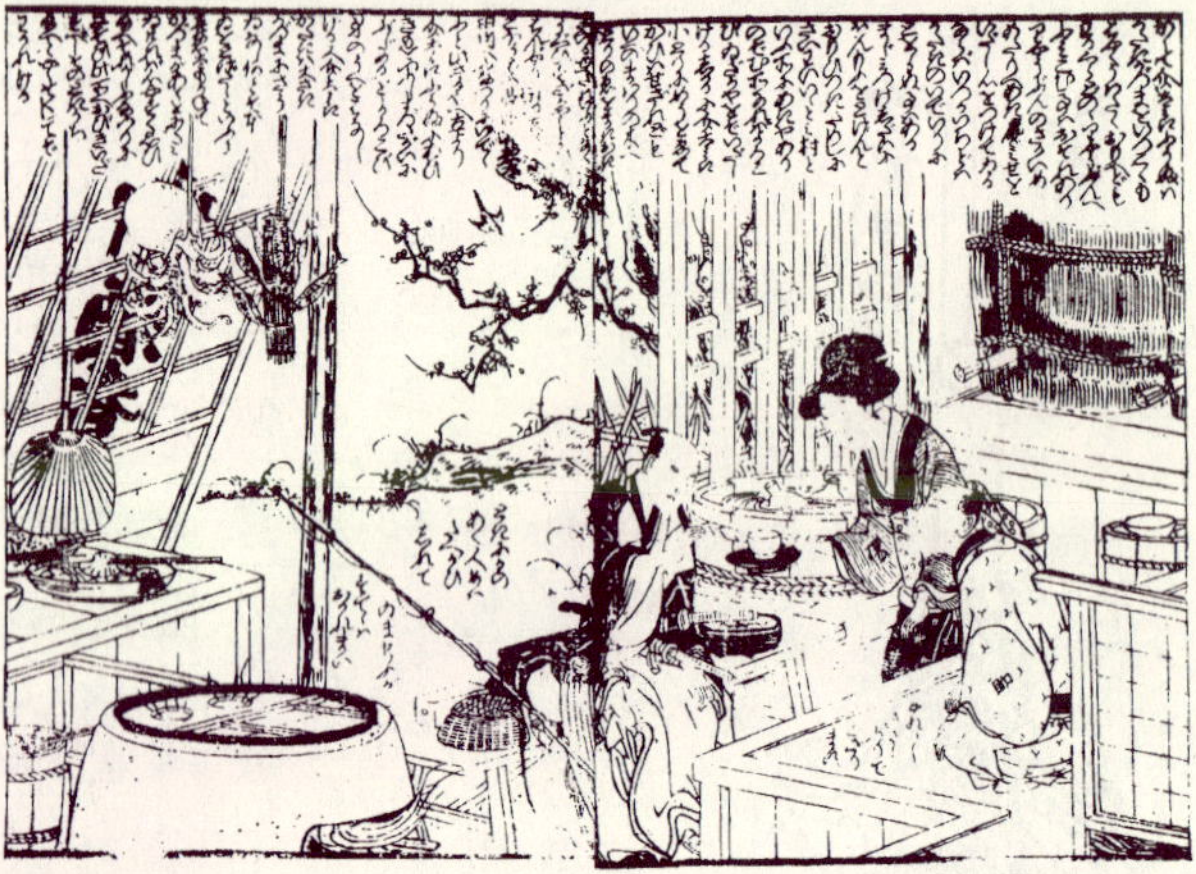

図39　蛸と弁慶を吊るした居酒屋。菰樽が置かれ、左下の竈には燗をする銅壺がのっている。『敵討鶯酒屋』（文化3年）

を以て中らにさげて、炙《あぶり》たる魚の串《くし》と共に貫《つらぬき》置く物あり。名づけて弁慶とよぶ。これは彼《か》の弁慶が七ツ道具といふ差物《さしもの》に似たりとて名づくる歟《か》」とあるように、藁を巻き束ね、焼魚の串を刺したものをいった。武蔵坊弁慶が七つ道具（武士が戦場で用いた七つの武具）を背負っていた姿に見立てられている。弁慶をぶら下げている光景は、田舎の居酒屋によくみられ、『復讐《かたきうち》両士《ふたり》孝行《こうこう》』（文化三年）に描かれた居酒屋でも、菰《こも》樽の右側に弁慶を吊り下げている。子供を背負った女性がこの店のオーナーらしく、田舎の居酒屋の雰囲気が

図40　弁慶を吊るした居酒屋。このような田舎の居酒屋でも菰樽を並べている。『復讐両士孝行』（文化3年）

感じられる（図40）。

武陽隠士の『世事見聞録』「百姓の事」（文化十三年）には、「東海道を始め在町津々浦々までも、拙き農業を止めて、質屋・居酒屋・湯屋・髪結など出来て」とある。文化年間にはこのような田舎の居酒屋も現われてきている。

## 2. 縄暖簾を下げはじめた居酒屋

居酒屋は店頭にその日の売り物をぶら下げて人の目を惹きつけ、客を店内へと誘っていたが、やがて、縄暖簾を下げる居酒屋が現われた。

絵入りの川柳集『たねふくべ』五集（弘化年間・一八四四〜四八）には、縄

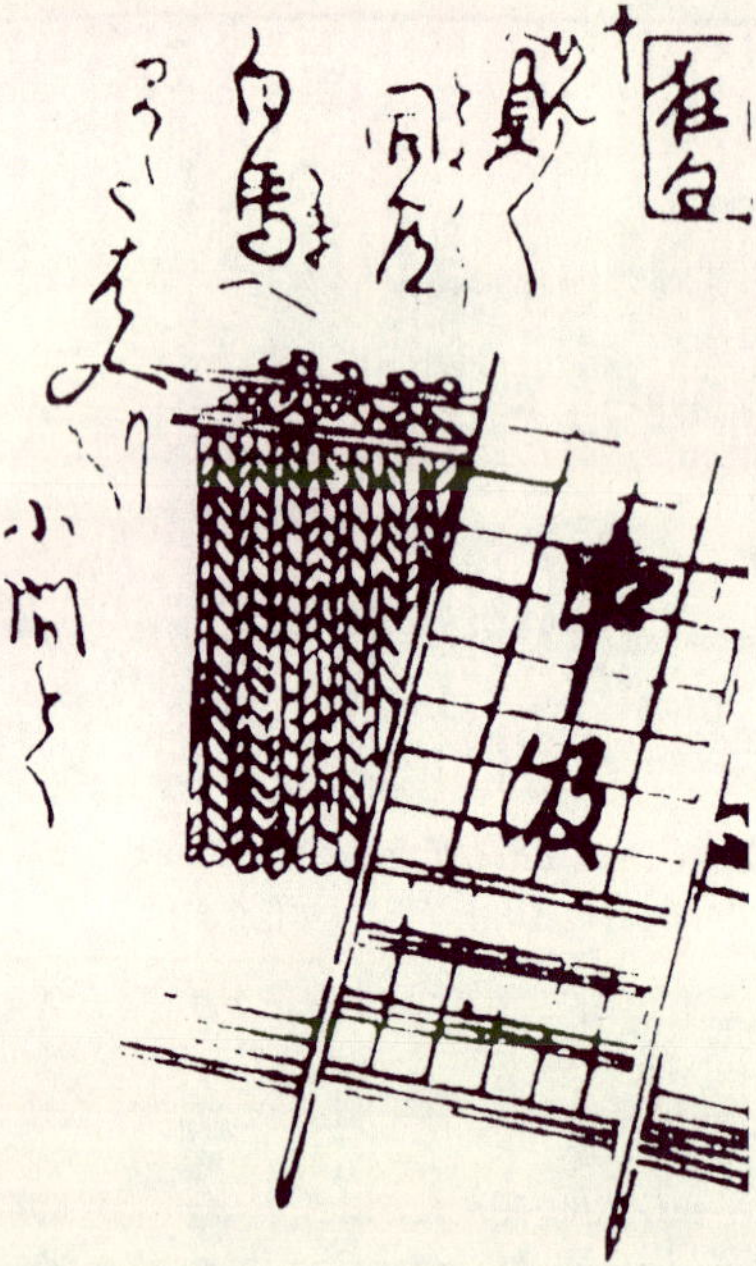

図41　縄暖簾を下げた居酒屋。『たねふくべ』五集（弘化年間）

暖簾をさげた居酒屋の絵が出ている（図41）。店には「中汲《なかぐみ》」と書いた立障子《たてしょうじ》が立掛けられ、「貧々同道《ひんひんとうとう》白馬《うま》へまたは入り」の狂句がそえられている。「中汲」は、どぶろく（濁り酒）を静止させて、上澄みと沈澱部の中間を汲み取った濁り酒の一種。どぶろくは白濁しているので「白馬」の俗称がある。中汲もどぶろくも居酒屋で飲まれていた安酒で、この店が居酒屋だと分かる。

この頃には縄暖簾を下げた居酒屋が現われてきたようだが、歌舞伎の舞台装置にも「居酒屋に縄暖簾」が採り入れられるようになっている。嘉永四年（一八五一）初演の『升鯉滝白旗《のぼりごいたきのしらはた》』（二世河竹新七の脚本）「亀井戸境町の場」では、本舞台の正面に縄暖簾を下げた「居酒店《ゐざかみせ》」が設《しつら》えられている。歌舞伎の舞台では、観客が一目見てそれとわかるような店構えにすることが望まれる。縄暖簾を下げた居酒屋が、町によくみかけられるようになっていることを物語っている。

「居酒屋に縄暖簾」は小説の世界にもみられるようになった。『小幡怪異雨古沼《こはたのかいいあめふるぬま》』（安政六年・一八五九）という絵本には、縄暖簾をさげた「居飲酒屋《ゐのみざかや》」が描かれている（図42）。この本は、当時流行していた合巻《ごうかん》といわれる絵入小説本で、合巻には、読者に親近感を持たせるために、その時代の世相を映した絵がみかけられる。歌舞伎や合巻の世界から縄暖簾をかけた居酒屋がしだいに増えているのがうかがえる。

## 3. 縄暖簾が居酒屋のトレードマークに

十八世紀後半には、汁粉屋・そば屋・蒲焼屋（うなぎ屋）などが縄暖簾を下げ始

図42　縄暖簾を下げた居酒屋。酒林が吊るされ、店員が縄暖簾の間から顔を出している。店先では折助（中間《ちゅうげん》）たちが酒を飲んでいる。『小幡怪異雨古沼』（安政6年）

めていた。特に、蒲焼屋に多くみられ、山東京伝作の『早道節用守《はやみちせつようのまもり》』（寛政元年）や『唯心鬼打豆《ただこころおにうちまめ》』（寛政四年）には、縄暖簾を下げた蒲焼屋の絵が出ている（図43・44）。汁粉屋やそば屋が縄暖簾を下げるようになった理由はよく分からないが、蒲焼屋ならよく分かる。『唯心鬼打豆』の蒲焼屋を眺めると、入口近くで蒲焼を焼き、生簀《いけす》にはうなぎが泳ぎ、生簀の上に横板を渡してうなぎを捌いている。このように江戸の蒲焼屋では、入口近くで、生きたうなぎを裂いて蒲焼を焼き（一般的にはこの絵よりもっと入口近くで）、香ばしい匂いを漂わせて客を惹き寄せていた。縄暖簾だと、匂いを外に出せるし、外から店内の様子をチラッと見ることもできる。縄暖簾は蒲焼屋にとって好都合な暖簾だった。

蒲焼屋、そば屋、汁粉屋などで縄暖簾を下げていたところに居酒屋も加わってきたことになるが、なぜ居酒屋は縄暖簾を下げるようになったのであろうか。

入口に魚鳥類を吊るしておくことは客寄せにはなったが、生の魚鳥類は傷みやすく、特に暑い時期には臭気を放って、かえって客寄せの妨げになりかねない。縄暖簾ならその心配はなく、オールシーズン吊るしておくことができる。また、店内の焼き物や煮物の匂いを外に漂わせることもでき、埃除けにもなる。そこで、魚鳥類を吊るす代わりに縄暖簾を吊るす店が現われた。これが居酒屋の雰囲気にマッチし、

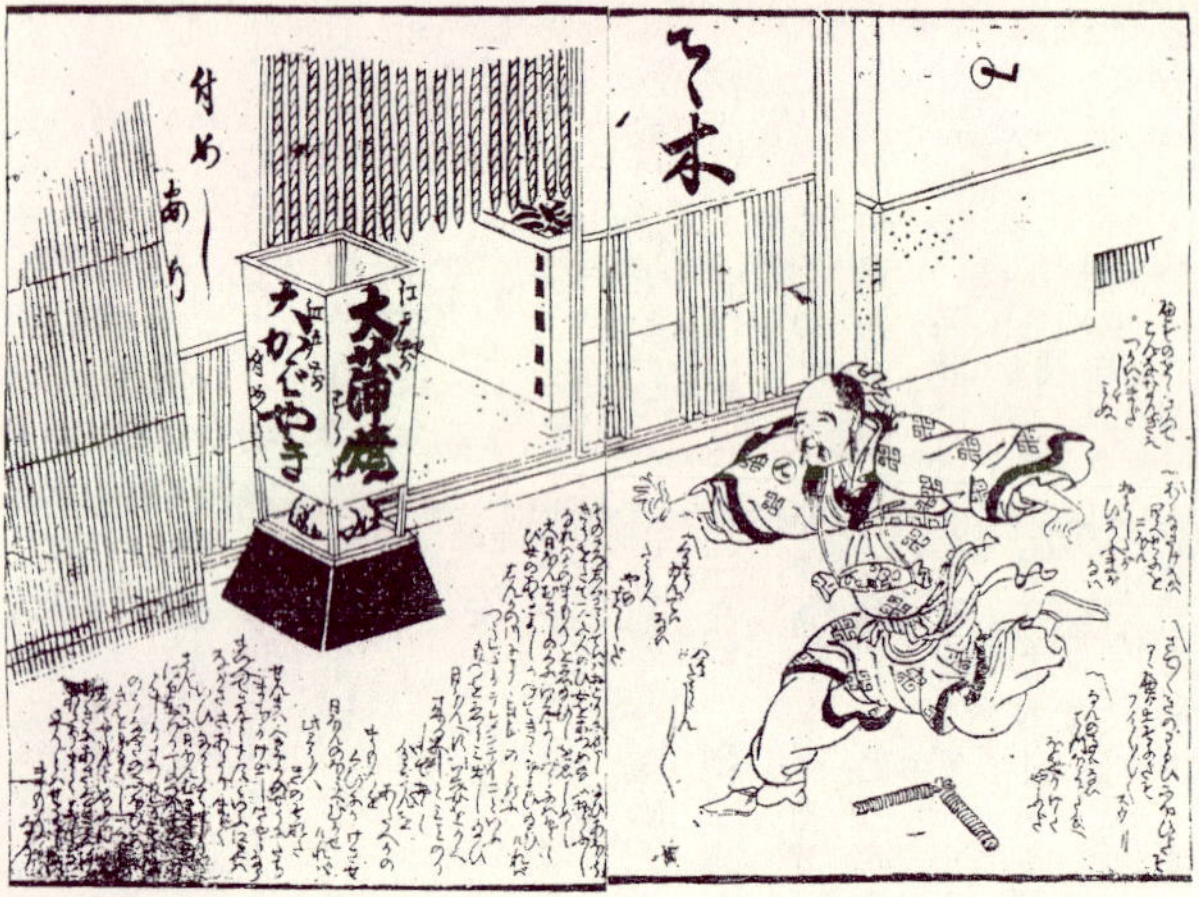


図43　縄暖簾を下げた蒲焼屋。看板に「江戸前　大蒲焼　付めし」とある。『早道節用守』（寛政元年）

真似する店が増えていったのではなかろうか。

縄暖簾を下げる居酒屋が増えると、居酒屋と縄暖簾のイメージが結びついていった。蒲焼屋に縄暖簾がよくみられたが、蒲焼屋がトレードマークにしていたのは「江戸前」の看板だった。蒲焼屋は、江戸前のうなぎを売り物にしていて、『早道節用守』にみられるように、多くは店の前に江戸前の看板を立てて営業していた。蒲焼屋といえば江戸前の看板だった。縄暖簾を下げた汁粉屋やそば屋はもともとそれほど多くみられない。

そこへいくと、居酒屋はなんと

図44　これも縄暖簾を下げた蒲焼屋。障子に「江戸前　大蒲焼」とある。『唯心鬼打豆』（寛政４年）

いっても数が多い。縄暖簾を下げる居酒屋が増えてくると、縄暖簾が居酒屋のイメージと結びつき、明治時代には、縄暖簾といえば居酒屋、と言われるようになった。『東京風俗志』（明治三十四年）は「店頭で酒を飲ませる酒屋を縄暖簾という。この種類の飲食店の風習として門口に縄暖簾を懸けるのでこの名称がある」とし、縄暖簾をさげた居酒屋の絵を掲げている（図45）。

図 45　明治時代の居酒屋。縄暖簾を押し分けて客が入ってきている。店内にはテーブルと椅子が並んでいて、この頃には使われるようになっている。『東京風俗志』（明治 34 年）

# 九　多様化した居酒屋

## 1. 中汲と一寸一盃の店

幕末頃になると居酒屋は多様化し、中汲、一寸一盃《ちょっといっぱい》、芋酒屋《いもざけや》、立場《たてば》居酒といった居酒屋が現われてきた。嘉永五年（一八五二）の「江戸五高昇薫」という一枚刷には、さまざまな種類の店が業種ごとに五店ずつ載っているが、そのなかには「中汲」「一寸一盃」「いも酒」「なべやき」といった業種がみられる（図46）。

「中汲」は濁り酒の一種の中汲という安い酒を出している店のこと。安酒を売り物にする店が現われてきたわけだ。ここに載っている五軒のうち三軒は、慶応二年（一八六六）の『江戸食物独案内《ひとりあない》』にも「中汲」の店として載っているので、中汲を売り物にした店が存続していることがわかる。江戸には「濁酒手作り渡世」の者

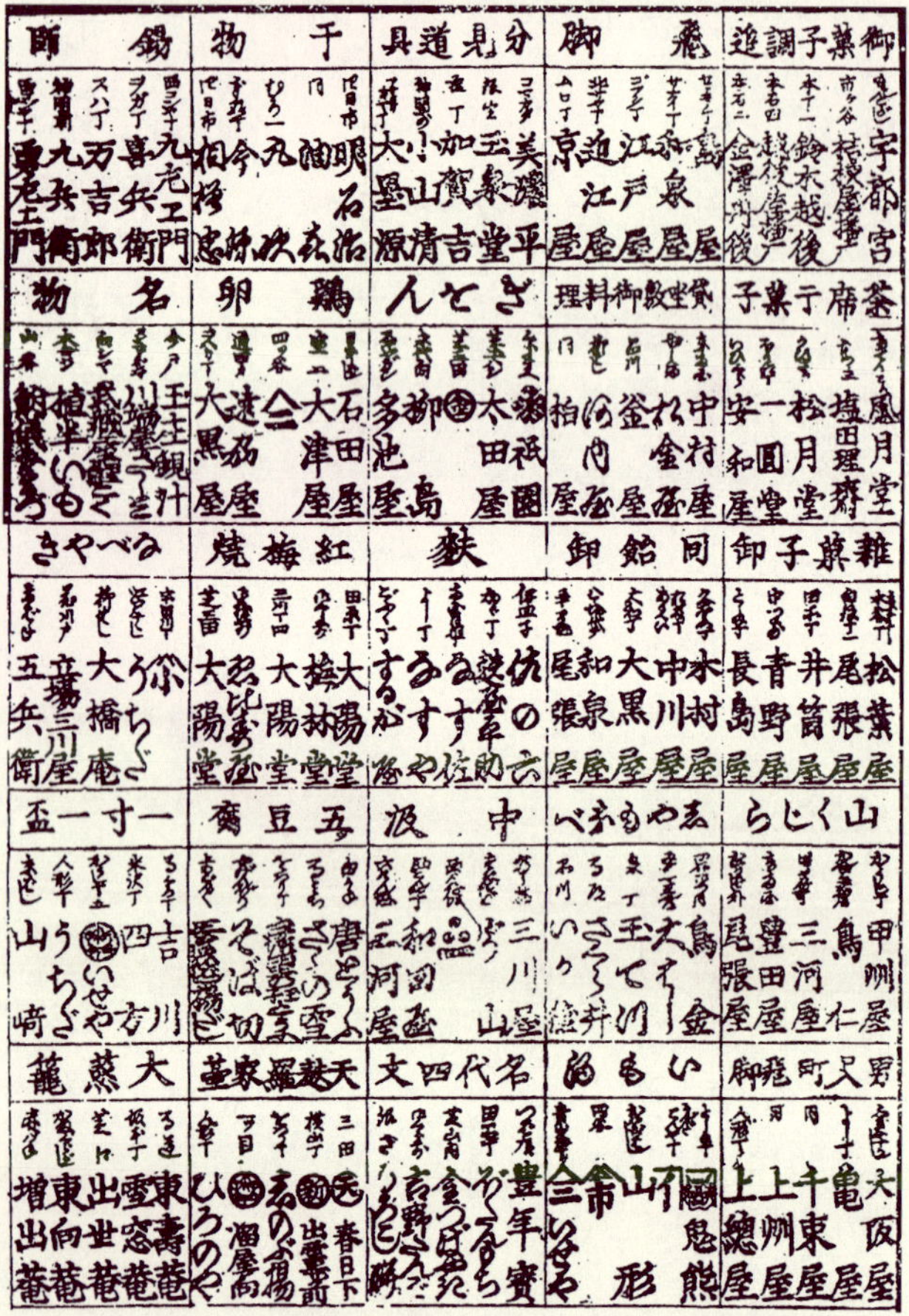

図 46　さまざまな業種が五店ずつ載る「江戸五高昇薫」(部分、嘉永 5 年)。「中汲」「一寸一盃」「いも酒」「なべやき」の名がみえる。

図 47 「和泉町　内田酒店之図」。店の左側で酒屋、右側で居酒屋を営んでいる。酒屋は剣菱の商標の木札が貼りつけられている。『浮世酒屋喜言上戸』（天保 7 年）

が三三〇人もいたので、こういった業者から中汲が供給されていたものと思われる。「一寸一盃」は、今でもよく使われることばで、これをキャッチフレーズにしている店があったのは興味深い。「一寸一盃」の店には「山崎」「四方《よも》」「うちだ（内田）」といった名がみられるが、これらの店は『江戸食物独案内』には「一杯酒屋」の店として載っている。「一寸立ち寄って気軽に一杯」を売り物にした店で、立飲みの店ではなかろうか。江戸には「四方」「内田」の二大有名酒店があった。「四方」は新和泉町（中央区日本橋人形町二丁目）にあった酒店で、伊丹の銘酒滝水剣菱を売り、居酒屋を兼業していた（図84、二〇一頁）。「内田」は昌平橋外の外神田にあった酒店で、やはり剣菱の発売元として名声を博していた。方外道人の『江戸名物誌』（天保七年）に「内田屋酒店　昌平橋外内田の前。徳利は山の如く、酒は泉を為す」と詠われている。この店も新和泉町（和泉町ともいった）で居酒屋を兼業していた（図47）。

「一寸一盃」の「四方」や「うちだ」は、この有名酒店とは場所が異なるので別の店ということになる。有名店との関係は不明だが、銘酒が飲めることをイメージさせる店名を使っている。

図 48　芋の煮ころばしを出す居酒屋。『雑司ヶ谷記行』（文政 4 年）

## 2. いも酒屋

いも酒屋は、芋酒を飲ませる店とする説があるが、そうではなくて、芋の煮ころばしを売り物にする店をいった。煮ころばしとは、里芋などを転がしながら汁がなくなるまで煮詰めたもので、のちほど紹介する式亭三馬『七癖上戸』（文化七年）の居酒屋では、客が「芋の煮ころばし」を肴に酒を飲んでいる。文化年間（一八〇四～一八）には居酒屋のメニューによくみられ、十返舎一九『雑司ヶ谷記行』（文政四年）の「酒店《さかや》」で

図49　芋酒屋で芋の煮ころばしを肴に酒を飲む二人連れ。『江戸久居計』（文久元年）

は、「芋の煮ころばし」を皿に盛って出している（図48）。

やがてこれを売り物にする店が現われ、いも酒屋と呼ばれるようになった。

「江戸五高昇薫」に載る五軒の「いも酒」のうち、特に有名なのが、親父橋《おやじばし》（江戸橋北の照降町から元吉原へ行く通りの途中に架かっていた橋）の近くにあった芋酒屋で、『江戸久居計《えどくいけ》』（文久元年・一八六一）には、この店の店内が描かれている。『江戸久居計』は『東海道中膝栗毛』をもじった書名で、二人連れが江戸のうまいもの店巡りをする筋書きになってい

図50 「おやぢばし　いも酒や」。「新版御府内流行名物案内双六」（嘉永年間）

る。二人は「ここが名代の芋酒屋だぜ」といってこの店に入り、酒を飲みながら皿に盛った芋の煮ころばしを食べている（図49）。店員が酒と肴のサービスをしているが、この店では「男の手代（店員）が紺の揃衣《そろい》」を着て酒のサービスをしていた（『幕末百話』）。制服を着た店員の居酒屋が、すでに現われている。「新版御府内流行名物案内双六」（嘉永年間）という一枚刷にも「おやぢばし　いも酒や」が載っているが、この店の特徴を、芋を盛った皿とチロリで表している（図50）。

『絵本柳多留』（安政五年・一八五

図51　芋酒屋。「ぶうぶうの種《たね》を売《うつ》てる芋《いも》酒屋」とある。『絵本柳多留』（安政５年）

八）の「芋酒屋」にも、皿に盛られた芋を肴に酒を飲んでいる人が描かれているが、ここでは空き樽に腰をかけて飲んでいる（図51）。あまりみかけられない光景で、江戸時代の居酒屋の客は空き樽に腰かけて酒を飲んでいたとするのを現在出版されている本などでよくみかけるが、そのようなことはなく、居酒屋の客は床几《しょうぎ》に腰かけるか座敷に座って酒を飲んでいた。豊島屋の例にみられたように、空き樽は売却でき、商品価値のあるリサイクル品だった。江戸には空き樽を専門に売買する明樽問屋《あきだるどいや》があって、空き樽買いが買い集めた空き樽を一手に引き受け、これを酒や醤油などの醸造元に売りさばいていた。『江戸《えど》買物独案内《かいものひとりあんない》』（文政七年）には四八軒の「明樽問屋」の名が載っている（図52）。

しかし、幕末ともなると、このように空き樽を使用する店も現われてきているが一般的なことではなかった。空き樽の使用は、明治時代になるとよくみかけられるようになる。

嘉永六年（一八五三）刊『細撰記』の「矢《や》太神屋《だいじんや》弥太」には、二六軒の店がランク付けされている。「矢太神屋」の名からして、ここに載る店は居酒屋だと分かるが、このなかには「江戸五高昇薫」に載る「一寸一盃」や「いも酒」屋の店名もみられる。店名の下には「ごくあつかん一寸　かふろ　ゆどうふ　ぬた　魚でん　にしめ　かづのこ　をいも　おでん　いわししほやき　やりてちろり」とあって、これらの居酒屋がどんなメニューを揃えていたかわかる（図53）。ちなみに、この『細撰記』は、吉原の遊女屋や遊女の名などを記した吉原のガイドブック（「吉原細見」）を模したものなので、メニューの外に「かふろ」や「やりて」といった名がみえる。「かふろ」は「かぶろ」で、遊女に使われる少女。「やりて」は遊女を取り締まり、万事を切り回す女をいった。

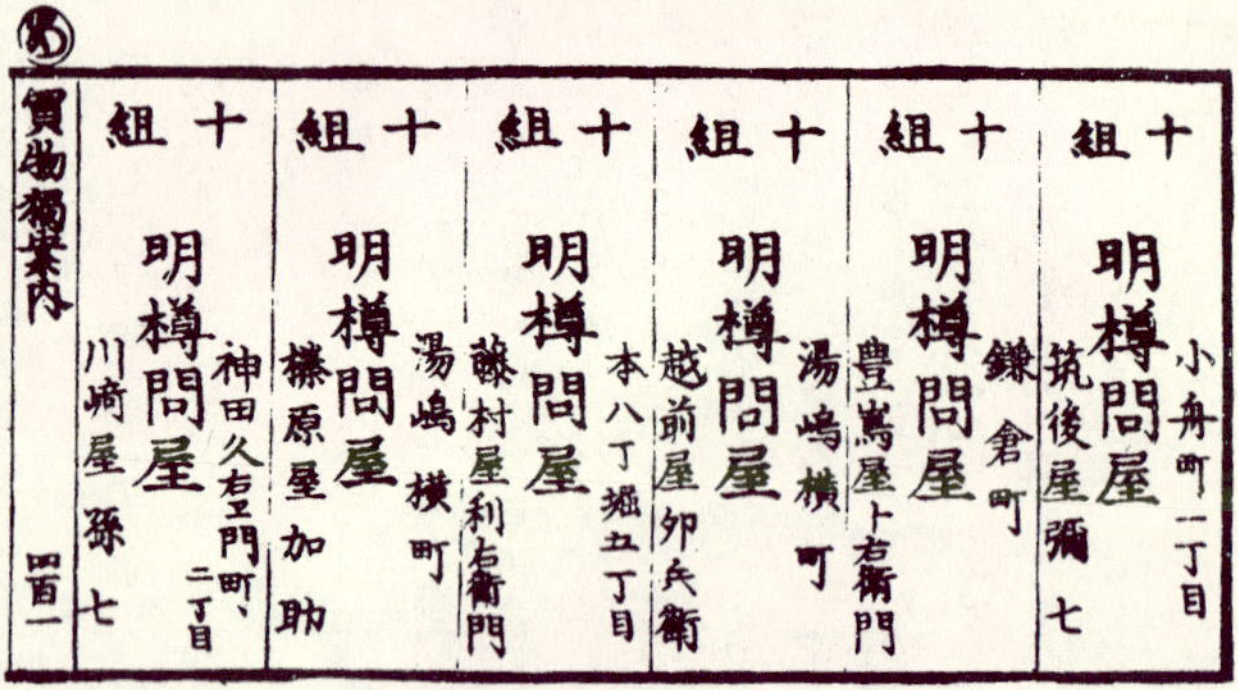
十組 明樽問屋 小舟町一丁目 筑後屋彌七
十組 明樽問屋 鎌倉町 豊嶋屋卜右衛門
十組 明樽問屋 湯嶋横町 越前屋卯兵衛
十組 明樽問屋 本八丁堀五丁目 藤村屋利右衛門
十組 明樽問屋 湯嶋横町 榛原屋加助
十組 明樽問屋 神田久右衛門町、二丁目 川崎屋弥七
買物獨案内 四百一

図 52 「明樽問屋」の一部。豊島屋は空き樽問屋も営んでいる。『江戸買物独案内』（文政 7 年）

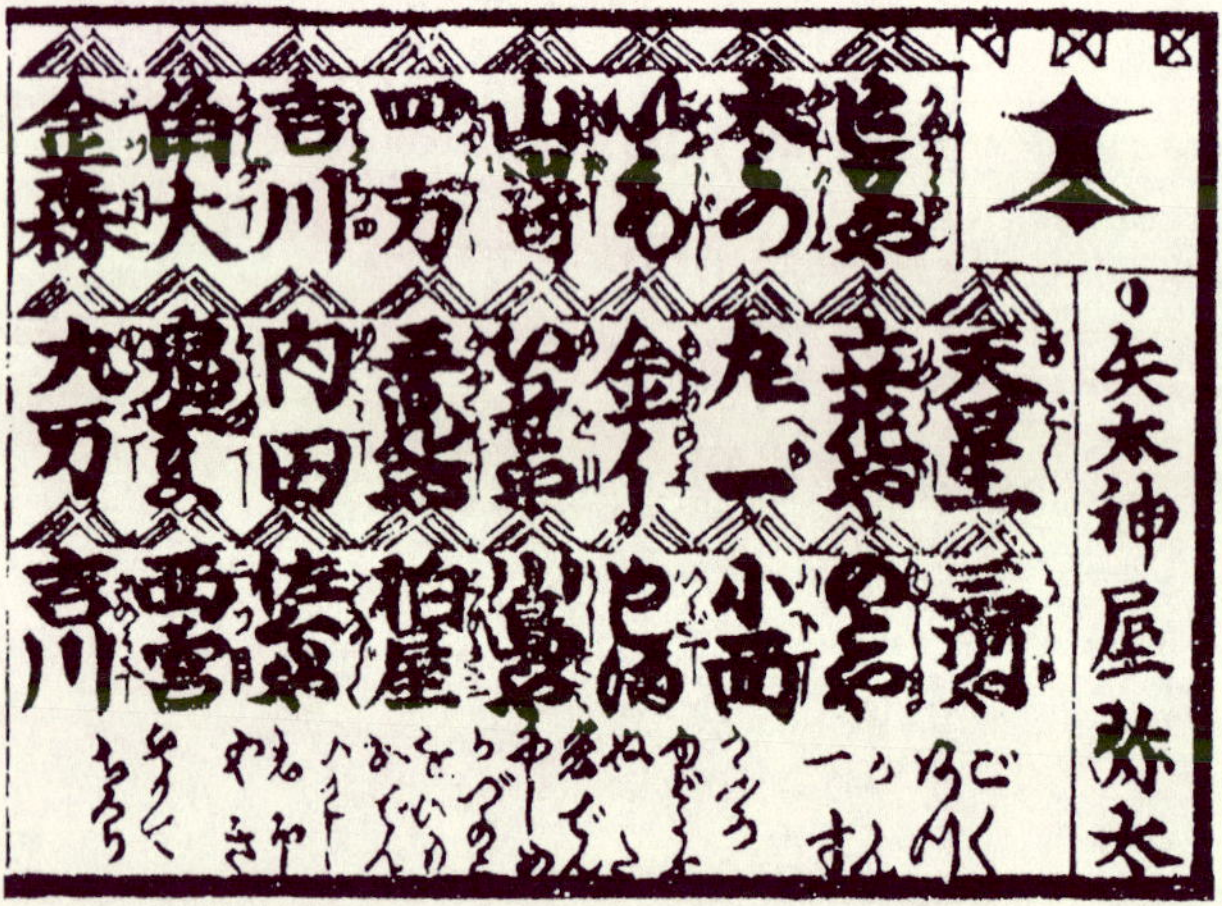


図 53 二六軒の居酒屋がランク付けされている「矢太神屋弥太」。『細撰記』（嘉永 6 年）

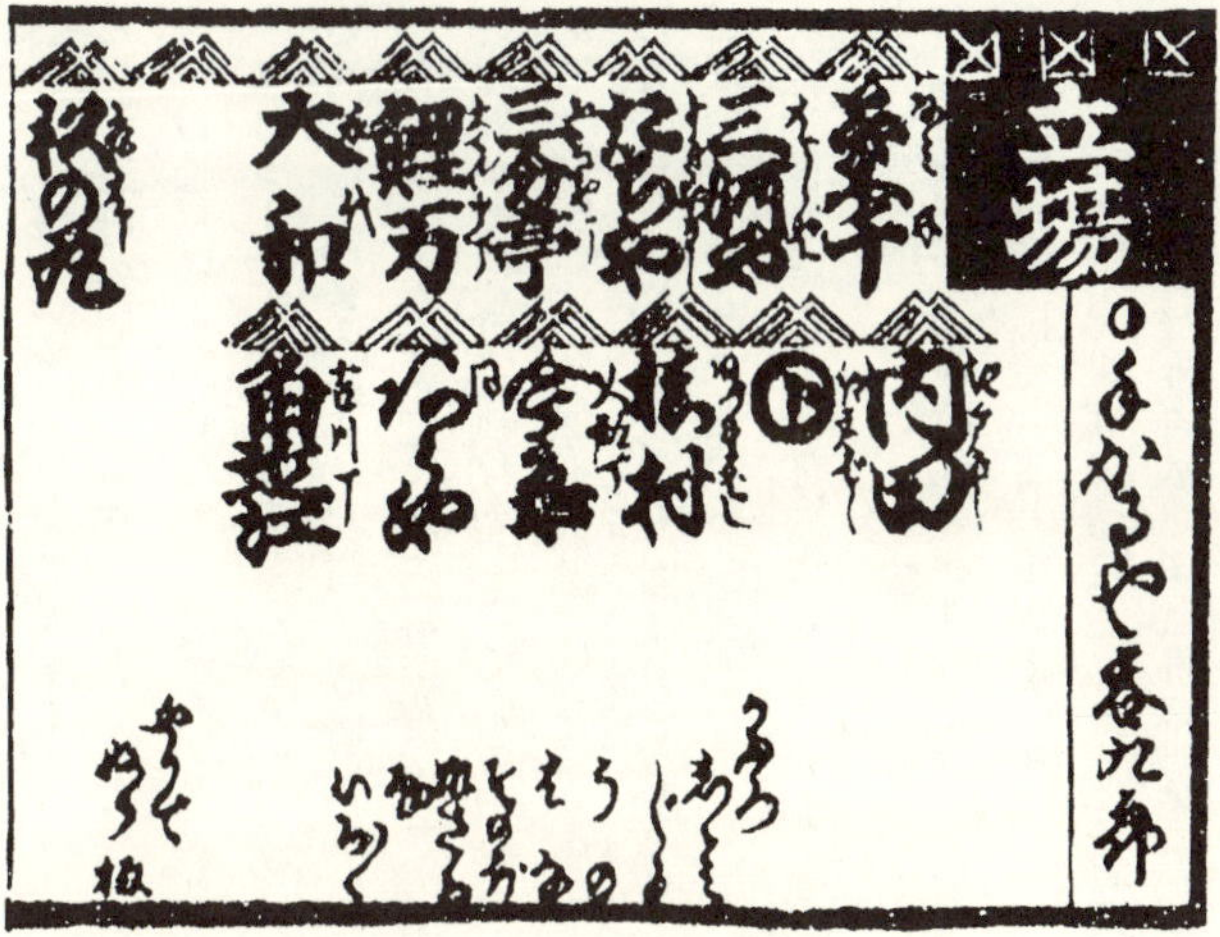


図 54　「立場」の暖簾を下げた「手かるや呑九郎」。『細撰記』（嘉永 6 年）

## 3. 立場居酒

「江戸五高昇薫」の「なべやき」の店には「立場《たてば》」を名乗る「立場三川屋」の名がみえる。立場とは、街道の宿場と宿場の間にある休憩所のことで、ここには立場酒屋があって酒を飲ませていたが、幕末近くになると、それとは異なる「立場居酒」という居酒屋が現われてきた。

『細撰記』には、「矢太神屋弥太」とは別に「手かるや呑九郎」が載っていて、「立場」と書いた暖簾が下がっている。「手かるや呑九郎」とあることから、居酒屋には相違ないが、大衆的な居酒屋とは趣が異なるようだ。一三軒の店名がみえ、店名の下にはメニューが示され、「かふろ　しじみじるうのはな　その外御さかな（肴）いろいろ　やりて　ぬり板」とある（図54）。

メニューに「御さかないろいろ」とあるように、いろいろな料理を取り揃えている居酒屋のようで、『北雪美談時代加賀見《ほくせつびだんじだいかがみ》』二十八編（文久三年）には、障子に「めし　立場」と書かれた「煮売酒屋」の内部が描かれている。店内はこぎれいで、料理人が調理台で刺身を引いている。料理人の背後には銘酒の菰樽が並び、帳場もある（図55）。『江戸久居計』にも「立場居酒　鯉屋」の外観が描かれているが、立派な店構えで、この店は飲食店の広告集『江戸名物酒飯手引草』（嘉永元年）には料理屋として載っている（図56）。

大衆的な「矢太神屋」とは一線を画したグレードの高い居酒屋が現われてきている。

ちなみに、江戸時代の料理屋では、板の間に俎板を置き、料理人は俎板の前に正座して刺身を引く「坐り板」が一般的だったようだが（松下幸子『江戸料理読本』ちくま学芸文庫）、居酒屋ではこのように料理人が立って刺身を引く姿（「立ち板」）がよくみられる。居酒屋では土間で調理することが多かったためと思える。

図 55 「めし　立場」と書かれた居酒屋。『北雪美談時代加賀見』二十八編（文久 3 年）

図 56 「立場居酒　鯉屋」（『江戸久居計』）と「鯉屋」の広告（『江戸名物酒飯手引草』）。「即席　馬喰町二丁目角　御料理　鯉屋善兵衛」とある。

## 4．三分亭

「手かるや呑九郎」の店名のなかには「ふきや丁　三分亭」の名がみえる。『守貞謾稿』には、嘉永二年（一八四九）頃に流行したものが載っているが、そのなかには、三分亭《さんぶんてい》があって「三分亭料理　葺屋町新道に一種各銀三分の料理店を出す。その後所々にこれを開き、各家号を三分亭と云ふ」と、流行の一つに三分亭が取り上げられている。

三分亭という料理店が葺屋町に開店し、この店が人気店になったため、各地に三分亭を名のる店が簇生《そうせい》してきている。江戸の風俗を記した『わすれのこり』（天保末年頃）は、三分亭について、

「所々に三分亭といふ料理屋多く出来たり。座敷廻り綺麗にして、器物も麁末《そまつ》なるを用ゐず。何品にても三分づゝ、中々うまく喰はす。刺身、焼肴、椀もり、その外あり。外々に比すれば極めて廉なる物なり」

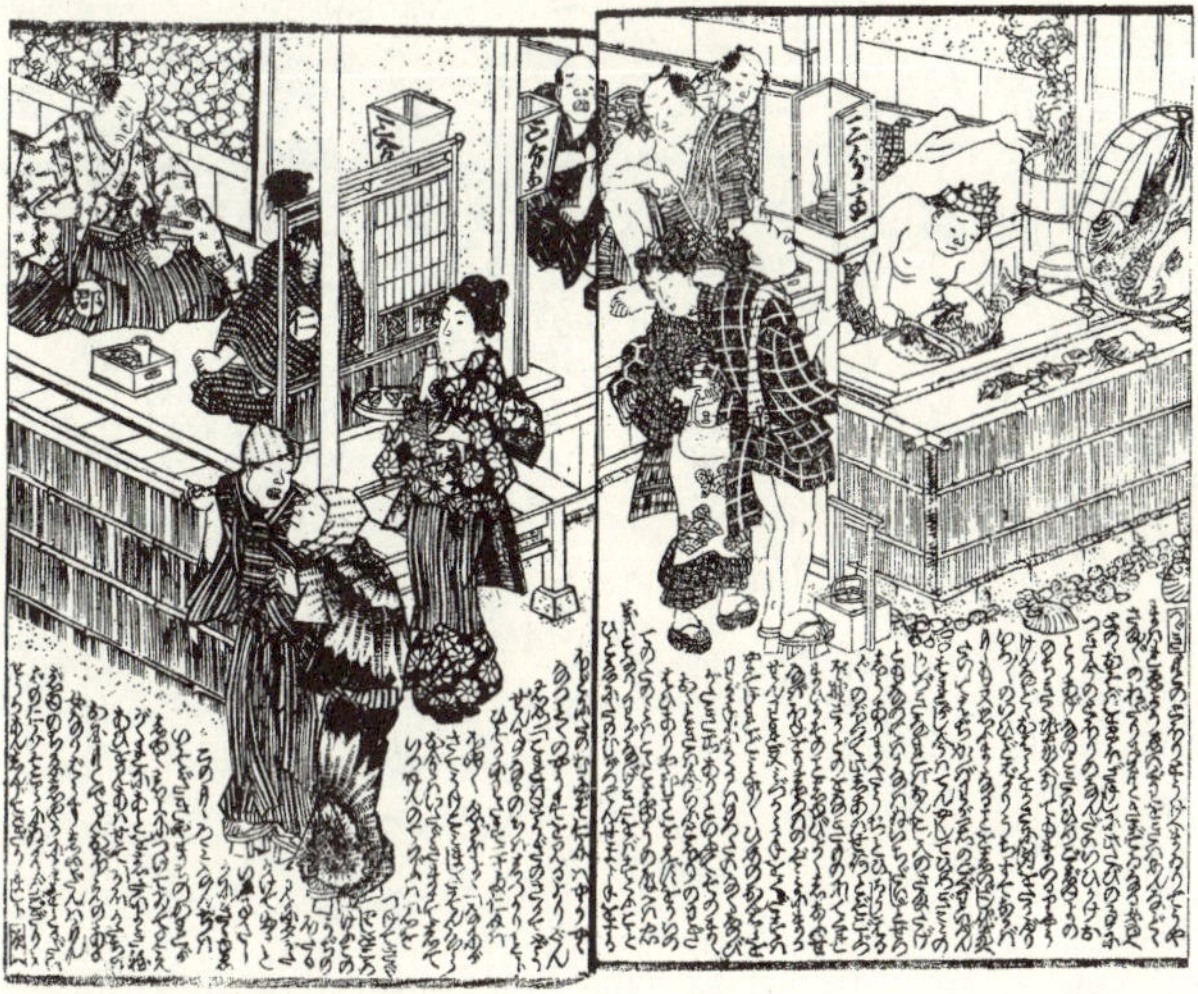

図 57 「三分亭」。入口に魚を並べ、調理台で魚を下ろしている。座敷廻りも綺麗で、女性の店員がサービスしている。『咲替蕣日記』（嘉永 3 年）

と記している。三分亭の三分とは、銀三分《ふん》（一分《ふん》は一匁《もんめ》の十分の一）のことで、銀三分は銭三〇文位にあたる。店内の装飾、器や味にこだわり、料理の品数を揃え、一品三〇文という安い値段で食べさせるワンプライス商法が当たって繁盛している。『咲替蕣日記《さきかえてあさがおにつき》』初編（嘉永三年）には「三分亭」の絵が出ている。入口に魚を並べ、そこで魚を下ろして客を惹きつけるデモンストレーションをしている。座敷廻りも綺麗で、女性の店員がサービスしていて、居酒屋にはあまりみられない光景である（図57）。『北雪美談時代加賀見』の立場居酒では男性がサービスしていたが、ここでは女性がサービスしている。三分亭は「手かるや呑九郎」のメンバーであるから酒を飲ませることをメインにした居酒屋には違いないが、『守貞謾稿』や『わすれのこり』に「料理屋」とあるように、料理屋ともいえるような、立場居酒よりさらにランクが上の居酒屋といえる。

三分亭のようなワンプライスの店が生まれてきた背景には、江戸時代に流行していたワンプライス商法があった。

文化年間（一八〇四〜一八）には、道端に屋台を出し、食べ物を四文均一のワンコイン（四文銭一枚）で売っている四文屋があったし（図58）、文化六年ころからは三十八文均一の店が流行していた。『式亭雑記』（文化七〜八年）には、

図 58　「四文屋」の屋台。『近世職人尽絵詞』（文化 2 年）

「去年（文化六年）の歳暮よりこの春へかけて、三十八文見せといふ商人大に行はれり。小間物類品々を干し店（露店）に並べ置き、価をば三十八文に定めて商ふ事也」

とあり、四辻、橋のたもとなどに筵を敷いていろいろな日用品を揃えて三八文均一で売っていた。今日の一〇〇円ショップの先駆けになる。また、「十二文茶漬」という茶漬を一二文で食べさせる茶漬屋もあちこちに出来ていた。

嘉永年間（一八四八〜五四）には、「中汲」「一寸一盃」といったユニークな居酒屋が出現する一方で、「立場」や「三分亭」のような高級な料理茶屋と大衆的な居酒屋との中間をなすようなグレードアップした居酒屋が出現していた。

幕末にはいろいろなタイプの居酒屋があったが、さらにこれに鍋物を売り物にする鍋物屋も加わる。

# 十　鍋物屋の出現

## 1．鍋焼から小鍋立へ

鍋は奈良時代には存在し、煮物や汁物用の調理器具として使用されてきたが、食器としては使用されていなかった。それが、江戸時代になると鍋を食器としても使用することがはじまり、鍋焼といって、魚鳥の肉と野菜を鍋で煮て、それをそのまま食卓に出す料理が生まれた。『俚言集覧』(寛政九年頃・一七九七頃)に、

「鍋焼　鳧鴈《かもがん》などの切身に芹、くわゐ、麸、かまぼこ、蓮の根などのやうのものを入て醤油の汁にて薄鍋にて煮たるものをしかいふ」

と出ている。

料理書には、早くから鍋焼の作り方が記されているが、『江戸料理集』（延宝二年・一六七四）には、鍋のまま煮て出す五種類の料理（料理ふわふわ・なべこく塩・煎鳥《いりどり》・じぶ・煎焼）が紹介されている。

やがて、鍋焼は小鍋を火鉢にかけ、一つの鍋の物を煮ながら二人あるいは少人数でつつき合って食べる小鍋立に発展した。

身分制社会の江戸時代は、社会のあらゆる場面で身分の上下による差別が行われていた。飲食の場合もそうで、一人用の膳が用いられ、身分の上下によって座る位置が決められた。家庭でも、一人用の膳で食事をし、座る位置は家族の中で定められていた（図59）。こういった社会の中で、一つの鍋をつつき合って食べる小鍋立は画期的な食べ方だった。小鍋立は親密さを示す食べ方として、まず遊里の世界にみられるようになる。
○「小鍋立紋所の有さほ（棹）をいれ」（万句合、宝暦十三年）
吉原遊郭では、馴染客には、その客の紋所（定紋）が入った箸紙（箸袋）に箸を入れて出し客を悦ばせた。「紋所の有る棹」はそれで、客が箸袋から箸を出し、遊女と小鍋立を楽しんでいる様子が詠まれている。『時花兮鶸茶曾我《はやりやすひわちゃそが》』（安永九年）に

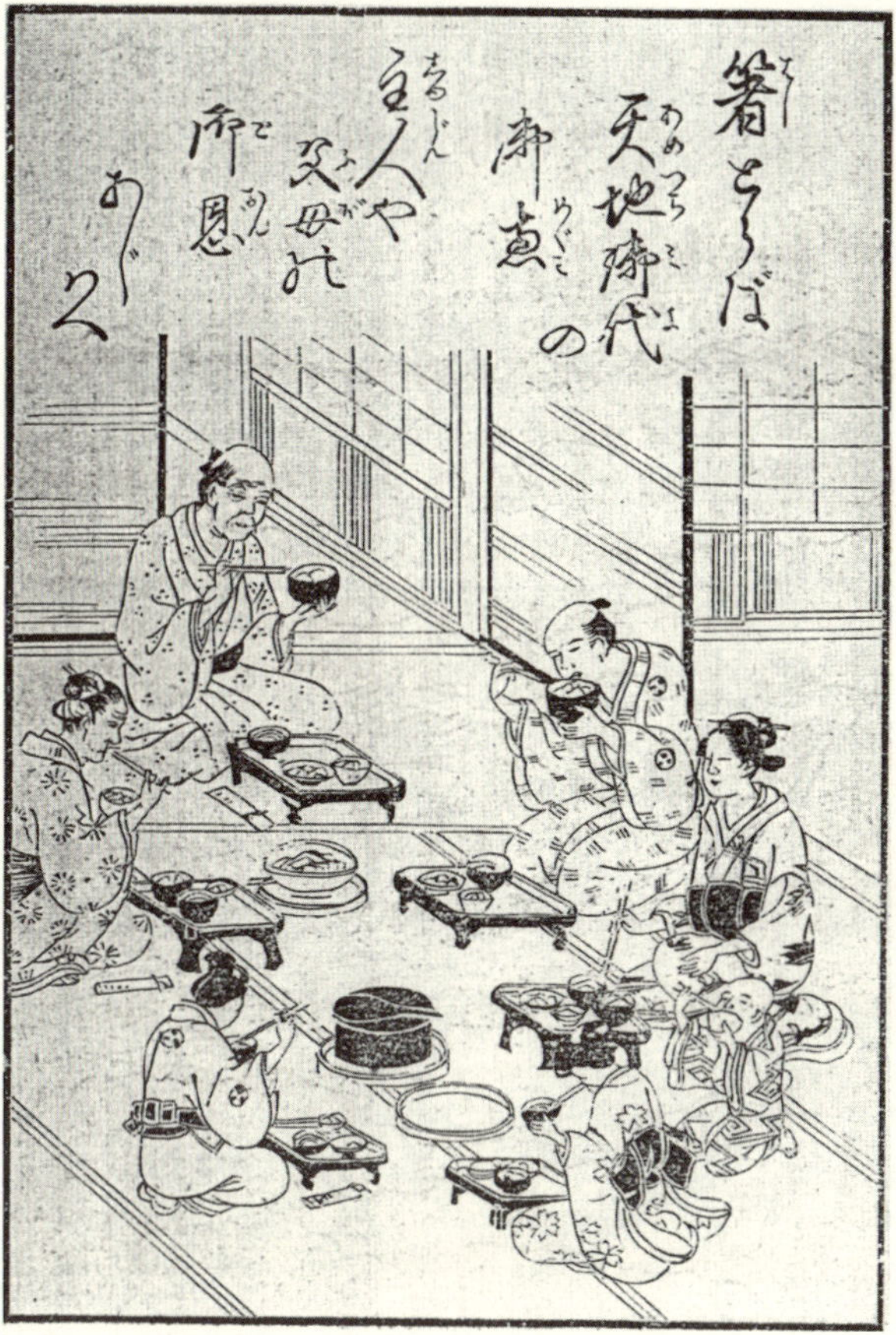

図59　家庭での食事風景。家族の中で座る位置が定まっている。「箸《はし》とらば　天地《あめつち》御代《みよ》の御恵《めぐみ》　主人《しゅじん》や父母《ふぼ》の御恩《ごおん》あじはへ」とある。『御代《みよ》の恩沢《めぐみ》』（江戸後期）

図60　吉原での小鍋立。『時花兮鸚茶曾我』（安永9年）

は、そんな場面が描かれている（図60）。小鍋立は、醬油とかつお節で調味していたようで、「（吉原の）部屋の献立は、醬油一合にして鰹節《ふし》是《これ》一本、青菜は油揚《あぶらあげ》と共に土鍋に煮へ」（『よるのすかかき』明和年間頃）とある。

風来山人（平賀源内）の『根《ね》無草《なしぐさ》後編』（明和六年・一七六九）に「居《ゐ》つゞけは、浴室《ふろば》を覚《おぼ》え、雪《ゆき》の旦《あした》の小鍋立《こなべだて》」とあり、大田南畝の『麓の色』（明和五年）にも「馴染《なじみ》かさねて客と共に物食ひ、箸紙に客の名を書き、居続のあした土鍋のまさな事など、折にふれておかしく」とある。居続《いつづけ》とは、遊里に居続けることをいい、ぶん流しともいった（図61）。雪の朝などは居続け客が多く、そうした客

図61　ぶん流し。「時雪《じせつ》としやれて雪《ゆき》の朝《あさ》ふん流《なか》し」とある。『たねふくべ』六集（天保15年）

と遊女の間で小鍋立が流行している。

『青楼小鍋立』（享和二年・一八〇二）という青楼（吉原遊郭）における「小鍋立」を書名にした洒落本（遊里文学）も現われているが、そこには、「調味《うまもの》の遺《のこり》たるを拾《ひろ》ひ集《あつめ》て小《こ》鍋立《なべだて》」とある。残り物を集めて楽しめるのも小鍋立のよさである。

## 2. 小鍋立の流行

大田南畝の『一話一言』巻四一（文化十四年）に「安永のころよりは、銑（鋳物）をもつて、いと浅く小さき鍋を造り出しけるより、いつとなく土鍋のまゝ供する事すたれぬ」とある。安永年間（一七七二〜八一）頃には、鋳物製の浅い小鍋が作られ、これが土鍋に代って利用され、小鍋立が広く流行していった。

○「小鍋だてにへ切らぬ内みんな喰」（川傍柳一、安永九年）

○「なまにゑな内になくなる小鍋立て」（万句合、天明二年）

○「小鍋だてうたゝねをして喰はぐり」（武玉川二三、天明七年）

いずれも、小鍋立の料理を争って食べている様子が詠まれている。これは遊里の世界とばかりはいえなさそうだ。小鍋立は家庭のなかにも入り込んできた。家庭の

図62　家庭での男同士の小鍋立。『品川楊枝』（寛政11年）

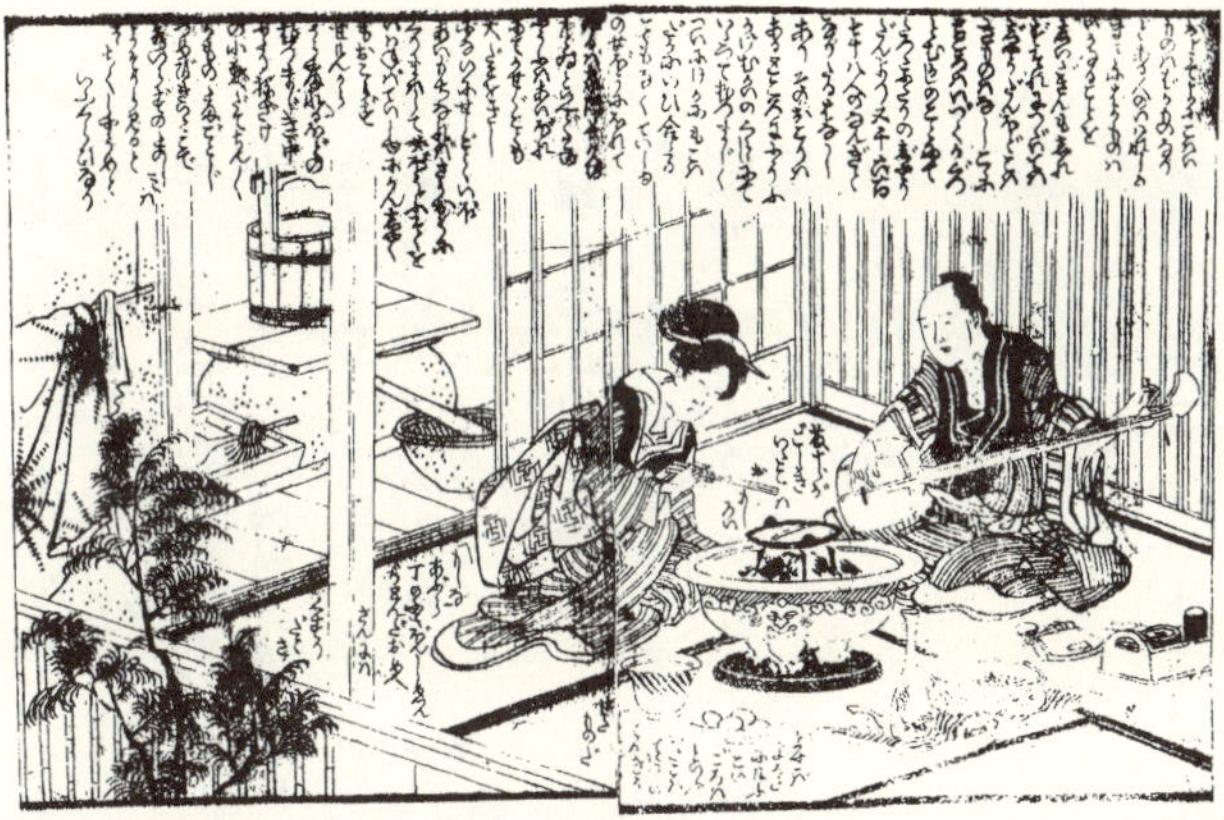

図63　夫婦仲睦まじくの小鍋立。『串戯《じょうだん》しつこなし』（文化3年）

図64　愛人同士酒を酌み交わしながらの小鍋立。『教草女房形気』九編（嘉永3年）

なかでの、男同士の小鍋立（図62）、夫婦仲睦まじくの小鍋立（図63）、愛人同士酒を酌み交わしながらの小鍋立（図64）、がみられるようになる。どの小鍋立にも、鋳物の鍋が使われているようにみえる。

小鍋立の流行によって、「ひとつ鍋の物を食合《くひや》ふ者《もん》」（『浮世風呂』四編、文化十年）とか、「昔は一つ鍋の物を突っつき合って食ったもんだ」（『花筐《はながたみ》』天保十二年）といった小鍋立てを介しての親密さを表す言葉が生まれた。

ただし、江戸時代は、せいぜい二人か三人位までの小鍋立で、一つ鍋を囲んで一家団欒《だんらん》の大鍋立が行われるようになるのは、ちゃぶ台が普及した明治以降のことになる。

## 3. 鳥鍋屋の登場

### (1) がん鍋屋

やがて小鍋立は外食の場にもみられるようになった。その代表的なものが獣鳥類の肉を煮ながら食べる小鍋立で、江戸後期にはがん鍋屋、しゃも鍋屋、獣鍋屋などが出現した。

日本人は、仏教の影響があって、獣肉や鶏肉をあまり食べてこなかったが、野鳥の肉は好んで食べてきた。江戸時代になると、鶏肉も食べるようになったが、江戸初期には鶏よりは野鳥が多く食べられていた。

居酒屋でも鳥類は早くからメニューに加えられていて、

○「煮売見世身の無い鴈や鴨が飛び」(柳一二、安永六年)

○「巻わらの鴈をにうりや的にかけ」(柳四九、文化七年)

と、入口にガンやカモなどが吊るされていた。

居酒屋のメニューには「鴨の吸物」や「ねぎとりのなべやき」がみられるので、居酒屋では鳥肉を吸物や鍋焼などにして出していたが、幕末頃には鳥肉を小鍋立で食べさせる店が現われた。なかでも有名になったのが、上野山下の「雁鍋」で、『琴声美人録《けいせいびじんろく》』七編（嘉永四年）には、「雁鍋」の二階での飲食風景が描かれている。図左上の文中には「つるかめやのさうれい（葬礼）よりかへりがけ、がんなべの二かいへあがり、酒のみめしくう（飯喰う）ふたりつれ」とある（図65）。幕府の医官であった喜多村香城の随筆『五月雨草紙《さみだれぞうし》』（慶応四年）には「山下に雁鍋とて雁一味を調する酒楼」とあって、雁鍋オンリーの店のように記しているが、『花暦八笑人』五編（嘉永二年）には「百宛《ひやくづつ》の割合《だしあひ》に、鳫鍋《がんなべ》のあなごに移り、五合徳利も四ツ五ツ、ごろつちやらと取ちらし」と出ている。「雁鍋」では雁鍋以外の鍋料理も出していたようだ。

「雁鍋」は非常に繁盛していて、紀州藩の勤番武士・酒井伴四郎の江戸滞在中の日記「江戸江発足日記帳」の万延元年（一八六〇）十一月八日には次のような記事がみえる。

「極晴天、今日は酉待《とりのまち》にて鷲大明神《わしだいみようじん》の御祭り故、佐津川源九郎を誘ひ叔父様と予三人連にて出、上野にて煙《き》せるを買、夫《それ》より名高き鴈鍋え這入り候処、夥《おびただしき》敷客にて居《すわ》り所もこれ無く、漸く押分け居《すわ》り、鴈鍋に酒五合呑み立ち出で、夫より鷲大明神え参り仕《つかまつ》り候処……」

酉待は、毎年十一月の酉の日に行われる浅草の鷲《おおとり》神社の祭礼で、酉の市ともいわれ、熊手、八つ頭などの縁起物が売り出され、人出で雑踏を極めた。このような特別の日に「雁鍋」に行っているので、夥しい客で混んでいるのは当然で、いつもこうではなかったであろうが、「雁鍋」の繁盛ぶりがうかがえる。賑わいをみせていた「雁鍋」も、明治三十九年（一九〇六）には店を閉じている。「月刊食道楽」（明治三十九年八月号）には、

「名物の一に数へられた鴈鍋は、出《で》ました（山下）の鴈鍋と洒落《しやれ》にまで云はれし程なれど、これも以前の如くに繁盛せず、殊に家屋の事で牛肉店世界と三年越《みとせごし》の裁判沙汰に入費《にふひ》労《づか》れとなり、この程漸く落着して、跡は世界が引受けて牛肉店に変ずる由」

いる人もいれば、家族連れもいる。『琴声美人録』七編（嘉永4年）

図65 「雁鍋」の二階。小鍋立の鍋料理を食べている。手酌で酒を飲んで

とあって、牛肉店に店舗を取られてしまっている。

「食肉の流行は鳥鍋から豚鍋、それから牛鍋と変化した」（「月刊食道楽」明治四十年四月号）とあるように、幕末から明治にかけて、鳥鍋の時代から牛鍋の時代へと変化していた。「がん鍋」は時勢の流れに呑みこまれて姿を消した。

## (2) しゃも鍋・かしわ鍋屋

江戸時代には野鳥が好んで食べられていたが、乱獲により野鳥が少なくなった。八代将軍吉宗は、享保三年（一七一八）七月に、鳥類減少のため、向こう三年間、鶴・白鳥・雁・鴨を贈答や食料にすることを禁止し、江戸の鳥屋を一〇軒に限定する触れを出している（『御触書寛保集成』一一三四）。

野鳥の減少によって鶏の需要が増え、鶏肉を食べることが普及した。このような動向に対し、吉備津神社（岡山市）の宮司・藤井高尚は「今の世の人、鶏をくふこと常にて、何とも思ひたらぬもあるは、汚らはしく、いみじき誤りなり」（『松の落葉』文政十二年）と、憤っている。

文政年間（一八一八〜三〇）には、居酒屋でも鶏肉を食材にしていて、

○「鶏の羽衣居酒屋の軒へ下げ」（柳八一、文政七年）

○「杉の葉はなくて軒端にかしわの羽」（柳八三、文政八年）

と、鶏の羽根が軒に吊るされている。

江戸の町にはしゃも鍋屋も現われ、「江戸五高昇薫」には五軒の「しゃもなべ」が載っているが、『守貞謾稿』の「鶏」には、「鴨以下鳥を食すは常のことなり。しかれども文化以来、京坂はかしわと云ふ鶏を葱鍋に烹《に》て食すこと専《もっぱ》らなり。江戸はしゃもと云ふ闘鶏を同製にして、これを売る」とある。しゃもは葱と煮て食べている。

幕末・明治前期の歌舞伎脚本作者・河竹黙阿弥《かわたけもくあみ》の作品には、しゃも鍋屋が出てくる。大名屋敷だけに忍び込んだことから、義賊との評判が高かった鼠小僧次郎吉を劇化した『鼠小紋東君新形《ねずみこもんはるのしんがた》』（安政四年初演）では、次郎吉から金をせしめた男が「お貰ひ申しましたこのお金で軍鶏鍋《しゃもなべ》へおし上つて、一ぺいづゝやつて行きます」といっているし、お坊吉三、お嬢吉三、和尚吉三と異名をとる三人の盗賊を主人公にした『三人吉三《さんにんきちさ》廓初買《くるわのはつがい》』（安政七年初演）には「しゃも文」というしゃも鍋屋で修業した堂守《どうもり》（寺の番人）が、しゃも鍋を作るためにしゃもと葱を買ってくる場面が出ている。

長谷川時雨著の『旧聞日本橋』（昭和五十八年・一九八三）には、父親の長谷川深

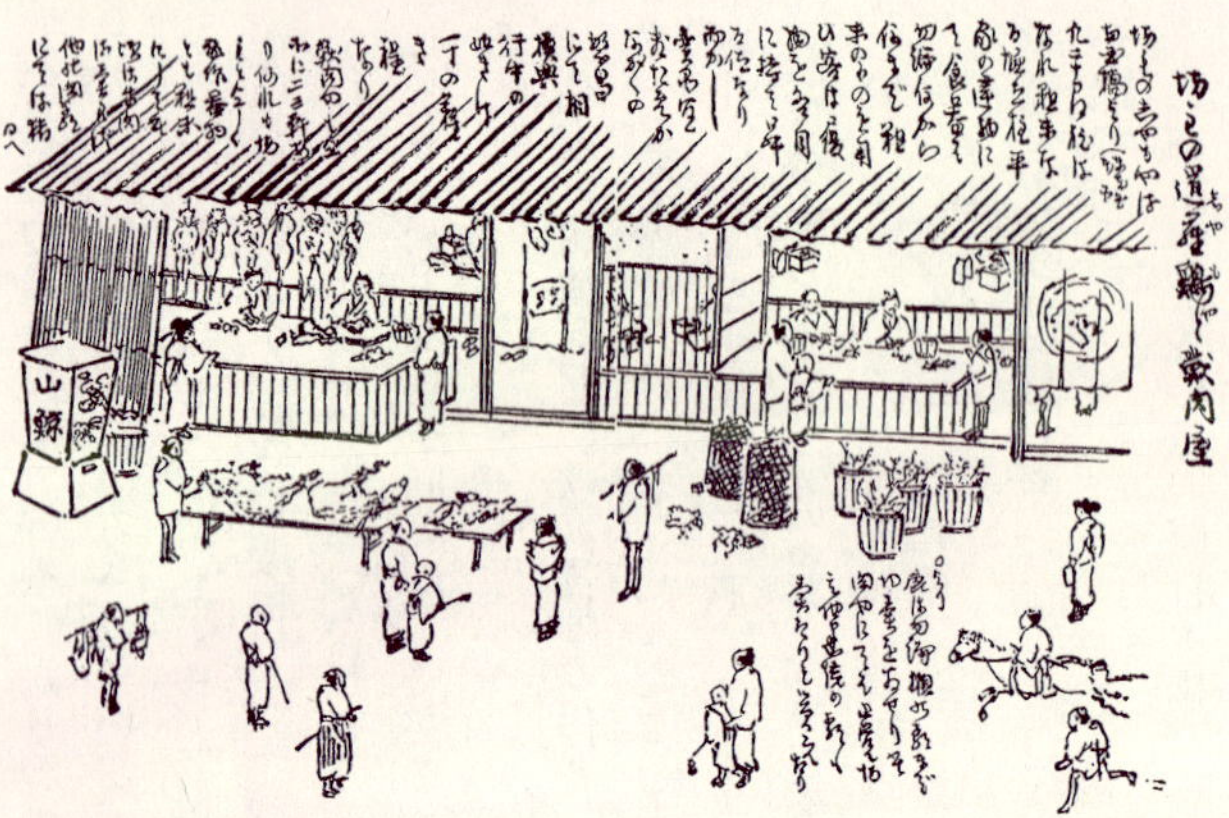


図66　「坊主の暹羅鶏《しゃも》やと獣肉屋」。右の坊主しゃもの店の前には鳥籠が置かれ、左の獣肉屋は店に獣肉を吊るし、「山鯨」の看板を立て、店の前にも獣肉を並べている。『旧聞日本橋』（昭和58年）

造が幕末から明治維新にかけての江戸の様子を描いた絵（『実見画録』）が載っているが、その一枚に「坊主の暹羅鶏《しゃも》やと獣肉屋」がある（図66）。「坊主のしゃもや（ぼうず志やも）」は東両国の回向院表門近くにあった店で、現在も同所（墨田区両国一丁目）で営業を続けている。

また、「江戸五高昇薫」の「しやもなべ」にみえる「玉てつ」も、「玉ひで」と名を変え、繁盛している。

かしわ鍋を売り物にする店も現われた。かしわは、羽毛が茶褐色の和鶏のことをいったが、小野蘭山の『本草綱目啓蒙』（享和三年〜文化三年）「鶏」に「凡人家に畜《やしな》ひ食用に供する者を家鶏と云。今は地鶏と云ひ、或はかしわと呼ぶ」とあるように、文化年間以降は鶏の別称として使われるようになっている。

『黄金水大尽盃《おうごんすいだいじんさかずき》』八編（安政五年・一八五八）には、商家の息子が堅苦しい束縛から逃れて、かしわ鍋を肴にひとり酒を楽しんでいる場面が描かれている。店には「かしハなべ」と書いた障子が立掛けられている。文中には「にうりざか屋のみせにはいり　なべ一まいに酒一合　かんのできるをまちうけて　みせのしやうぎにかたあぐら　かたはだぬいで（片肌脱いで）ちやわんざけ」とある（図67）。

酒井伴四郎の「江戸江発足日記帳」の万延元年（一八六〇）九月十八日の記録には「京橋之手前にてかしわ鍋喰に這入り、扨かしわを出し候処、大にこわく、其上腐り候と見へ大にくさく、油気は聊《いささか》もこれなく、誠つまらん物出し、一口喰て返し、蛤鍋と替、夫《それ》にて一盃呑申候」とある。

江戸時代の鶏肉にはかなり硬いものがあり、焼鳥には向いていないようで、居酒屋や鳥鍋屋のメニューには焼鳥はみられない。鍋で煮て食べるのが一番適した食べ方になる。

飲んでいる。『黄金水大尽盃』八編（安政５年）

図67　「かしハなべ」を売り物にした煮売酒屋。客がかしわ鍋を肴に酒を

## 4．獣鍋屋の出現

### （1）薬喰と獣店

江戸時代の人は、獣肉を穢れがあるといって嫌悪し、一般的には食べていなかったが、多少は薬喰《くすりぐい》という名目で食べていた。俳諧歳時記『滑稽雑談《こっけいぞうだん》』（正徳三年・一七一三）は、冬の季語に「薬喰」を載せ、「和俗寒に入て三日・七日、或は三十日が間、其向《そのむき》功用に応じて、鹿・猪・兎・牛等の肉を喰ふ。是を薬喰と称する也」としている。寒の内（立春前のおよそ三〇日間）に、保温や栄養補給のため、薬喰という名目で、鹿や猪などの肉を食べていたことがわかる。

江戸の西郊、四ツ谷御門外の地には薬喰の獣肉を売る市が早くから立っていた。宝井其角編著の『類柑子《るいこうじ》』（宝永四年・一七〇七）に、

「昔四谷の宿次に猟人の市をたて、猪・かのし、（鹿）・羚羊《かもしか》・貉《むじな》・兎のたぐいをとりさかして商へる中に、猿を塩漬にしていくつもいくつも引上て、そのさま魚鳥をあつかへるやう也」

とある。四ツ谷は、新宿を経て八王子・甲府方面に通じる甲州街道に直結しているから、武州・甲州の山で獲れた獣類を馬に付けて売りに来るには、格好の場所だった。

その後、そのすぐ近くの麴町に常設の獣肉を売る店が現われた。『江戸砂子』（享保十七年・一七三二）には「此社《この》（平河天満宮）の北の町家に獣をひさぐ所あり、寒中にすぐれて多し」とあり、『江戸名物鹿子』（享保十八年）にも「麴町獣　笠ほこに所望所望や猿うさぎ」と詠まれている（図68）。

『江戸砂子』の増補版『再校江戸砂子』（明和九年・一七七二）には「獣店《けもの》　平河三町目にあり。毎年冬より春まで獣をひさぐ店おほし」とあって、場所が平河三丁目に特定されている。獣肉を売る店は「獣店」（けものだな・けだものだな）といわれた。獣店が集中した麴町平河三丁目は俚俗に「ケダモノ店」と呼ばれるようになり、川柳では麴町というだけで獣店を表している。
○「おつかない断ち売りをする麴町」（万句合、明和六年）
○「狩場ほどぶつつんで置く麴町」（万句合、安永六年）
獣店は、店に客が来やすいように獣肉に異名を付けて売っていた。
○「おそろしく馬にぼたんともみぢ付け」（万句合、安永元年）

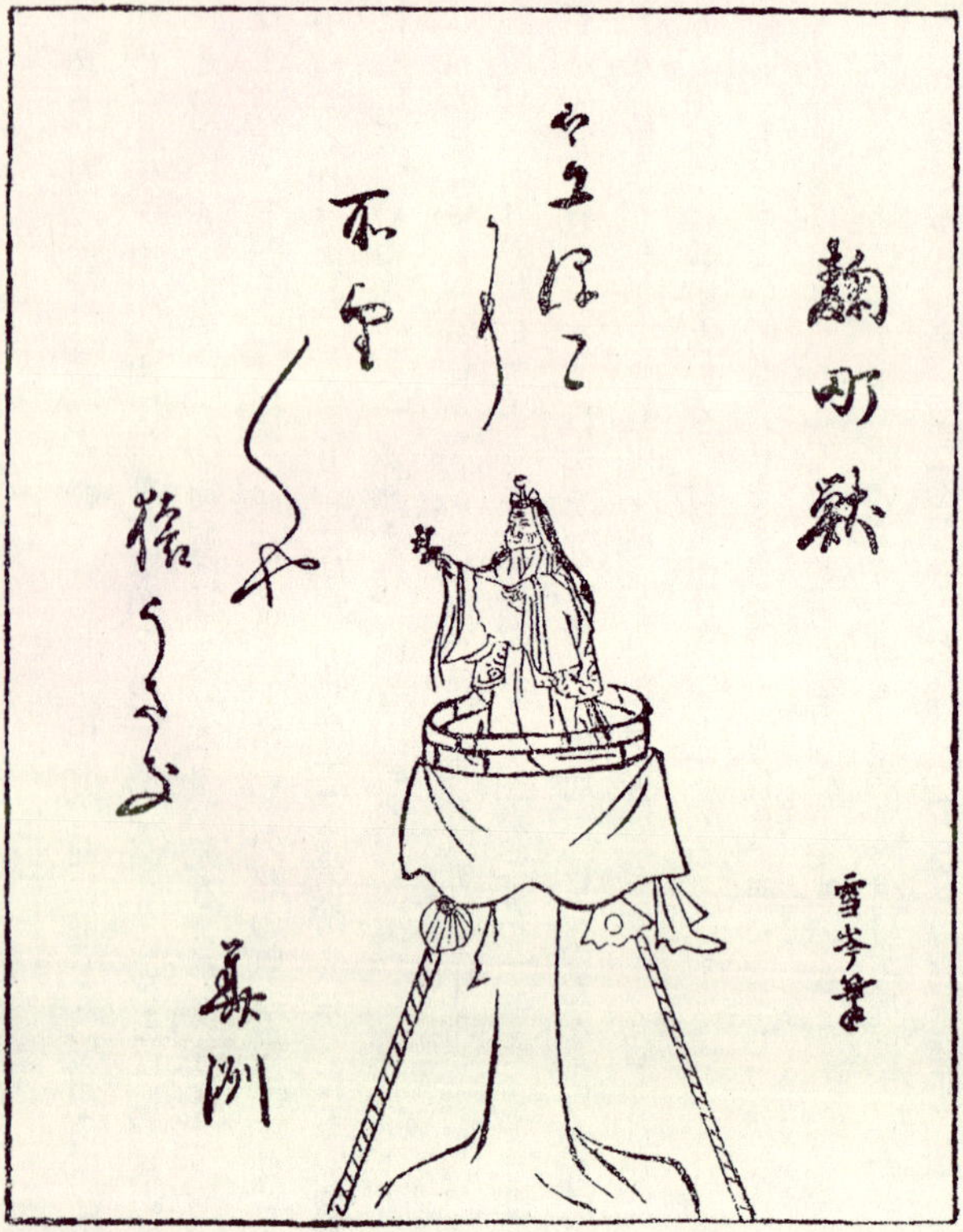


図68　「麴町獣」。『江戸名物鹿子』（享保18年）

ぼたんは猪肉、もみじは鹿肉を表し、これらを馬の背に乗せて、運ばれてくる様子が詠まれている。肉をししと読み、猪と獅子《しし》が通じることから、「牡丹に唐獅子、竹に虎」の文句にちなんで猪肉を牡丹と呼び、「奥山に　紅葉ふみわけ鳴く鹿のこゑきく時ぞ　秋はかなしき」（『古今和歌集』）の古歌から鹿肉を紅葉と呼んだ。

○「けだものや大和ことばに書いて置き」（万句合、安永五年）

猪肉をぼたん、鹿肉をもみじと表示して売っているのを大和言葉としゃれている。

薬喰するには、獣店から肉を買って来て自宅で調理していた。

○「真那板や四つ足動く薬くひ」（江戸弁慶、延宝八年）

○「庖丁をさびしく遣ふくすり喰」（武玉川一〇、宝暦六年）

○「薬喰人目も草もかれてから」（柳多留拾遺、宝暦十一年）

人目を忍ぶようにして庖丁を使ったり、人が寝静まってから食べたりしている。それでも、

○「くすり喰して人に嫌はれ」（武玉川一一、宝暦七年）

○「約束し女房の留守にかうじ町」（万句合、宝暦九年）

○「御隠居は嫁のいやがるくすり喰」（万句合、明和元年）

○「女房はきせるも貸さぬくすり喰い」（万句合、明和三年）

○「箸紙の夫婦別有る薬喰」（武玉川一八、安永五年）
薬喰は、周囲や家族から嫌われ、顰蹙《ひんしゅく》を買っている。
○「薬喰相人《あひて》がなくてむざん也」（武玉川一五、宝暦十一年）
一緒に食べてくれる人もいないといった始末で、家の外で薬喰できるに越したことはなかった。

### （2）獣肉屋の出現と発展

こうしたなかで、獣肉を薬喰できる獣肉屋が現われてくる。安永七年（一七七八）の洒落本『一事《いちじ》千金《せんきん》』には「秋はもみぢにぼたんの吸物。かかるしやれ世となりたるも」といった一文がみられる。獣肉に対する嫌悪感に変化がみられ、獣肉を吸物にして食べさせる店が出て来た。『書雑 春 錦手《かきまぜてはるのにしきで》』（天明八年・一七八八）には、障子に「ぼたん　もみぢ　御吸□　壱ぜん十六文」と書かれた獣肉屋が描かれている（図69）。ぼたんやもみじの吸物は十六文で、当時、茶漬屋の茶漬が十二文、蕎麦が一杯十六文だったので、こういった値段で食べられたことになる。

『忠臣蔵即席料理』（寛政六年・一七九四）に描かれた獣肉屋の「もミち御吸物　ぼたん」の看板には、紅葉や牡丹の絵が添えられている（図70）。このように絵で獣

図69　獣肉屋。店から出てきた男は、左手にチロリ、右手に獣肉の包紙を下げている。右側の中間《ちゅうげん》風の男は「ちとあたたまろう」といって店に入ろうとしている。『書雑春錦手』（天明８年）

図70　看板に紅葉や牡丹の絵が描かれた獣肉屋。『忠臣蔵即席料理』（寛政6年）

肉をアピールする店も現われた。

獣肉食はしだいに普及していき、『神代余波《かみよのなごり》』（弘化四年）は、

「明和・安永の頃は猪鹿の類を喰ふ人稀也《まれなり》。下ざまのいやしき人もひそかに喰ひて人にはいはず、かたみに（互いに）恥あへりき。天明・寛政の頃よりやゝよろしき人もかつかつ（ようやく）喰ふ事となりて、今は自慢としてほこれり」

明和・安永（一七六四～八一）、天明・寛政（一七八一～一八〇一）、今（一八四七頃）と、時代を追って獣肉食に変化がみられている。

この間に、獣肉屋も増え、「近頃は江戸の街、その外も表通りの店々にて、その肉を煮て商ふども、彼方此方《ヲチコチ》に見えしらがふめり」（『嚶々筆語《おうおうひつご》』天保十三年・一八四二）という状況になっていた。とはいえ、獣肉屋はシーズン営業（冬季）だったようで、尾張藩士の江戸見聞記『江戸見草』（天保十二年）には「冬ノ中沢山なるモヽンジイの店 幷《ならびに》 鮒の昆布巻の店、正月二日よりサラリと鮓店と替る」とある。

獣肉食が日の目を見るようになり、獣肉屋では獣肉を山鯨と呼んで売り込むようになった。猪や鹿などの山の肉を日本人に馴染のある鯨肉にたとえた呼称になる。『伊勢平氏《いせへいし》 摂神風《ひいきのかみかぜ》』（文政元年初演）という歌舞伎の脚本には、「第二番目序幕」の舞台に「山鯨・お吸ひ物と書きし障子」の「床店《とこみせ》」が設《しつら》えられている。山鯨の名が、この頃には通用していたことがわかるが、『守貞謾稿』には「山鯨 今世、獣肉割烹の店、招牌《かんばん》の行燈《あんどん》等に、必ず山鯨と記すこと、三都しかり」とある。

ところで、『書雑春錦手』では、獣肉屋から出てきた客が手に獣肉の包紙を持っているが、この包紙は破れた番傘を利用したもので、番傘の紙には油が引いてあって包紙に向いていた。『忠臣蔵前世幕無《ちゅうしんぐらぜんせのまくなし》』（寛政六年）には、古傘は「猪の包紙となる」とあり、

図71　「古傘買」。『守貞謾稿』

○「なきがらを傘にかくすや山鯨」（柳七七、文政六年）

といった句も作られている。

江戸はリサイクル社会で、古傘買という行商人がいて、古傘を買い集めていた（図71）。しかし、そうして集めた古傘では足りなくなっている。寺門静軒の『江戸繁昌記』初編（天保三年）には、麹町で売る肉には必ず敗傘紙《はいさんし》（破れた番傘の紙）を使っていたが、「都下一歳（一年）に幾万の敗傘」があっても足りなくなって、竹の子の皮を代用するようになったとある。ここからも獣肉食の普及ぶりがうかがえる。

（3）山奥屋・ももんじ屋

獣肉屋は獣肉を山鯨と称するとともに、店の名を山奥屋と名乗るようになった。「奥山に紅葉ふみわけ鳴く鹿の……」の句から、鹿、奥山（山奥）、獣肉を連想させたネーミングになる。

図72　山奥屋。看板に「御すい物　山くじら　山奥屋」とある。障子にも品書を書き、牡丹や紅葉を添えている。『茶番早合点』二編（文政7年）

『茶番早合《ちゃばんはやが》点《てん》』二編（文政七年）の獣肉屋は、障子に牡丹・紅葉の絵と「御吸もの　山おくや」の文字を描き、店の前に「御すい物　山くじら　山奥屋」と書いた看板を立てている。獣肉を「山くじら」、店名を「山奥屋」と表示し、獣肉の吸物は丼に入れて出している（図72）。

『玉の帳』（寛政年間頃）に登場する与惣兵衛という看板書きが「山奥屋のあんどんばかりは。紅葉と牡丹があるから。わたしがかきやせん」、つまり山奥屋の看板には紅葉や牡丹の絵を描かなくてはならないので、私には書けない、といっている。獣肉店は店名を山奥屋とし、障子や看板に牡丹や紅葉の絵を描くのがトレンドになっていたことがうかがえる。

また、獣肉屋は、ももんじ屋とも呼ばれるようになった。ももんじとは、ももんじいともいい、尾の生えた恐ろしい動物をいった。それが、猪や鹿などの肉のことも、ももんじと呼ぶようになり、獣肉屋をももんじい、ももんじ屋ともいうようになった。『浮世風呂』三編（文化九年刊）では、登場人物が「例所《えて》へ行《いっ》て、もゝんぢい（「猪鹿の料理屋」と注がついている）で四文《しもんこ》二合半《なから》ときめべい」といっているし、先に述べた『江戸見草』にも「モヽンジイ」とある。気味の悪い動物の呼称を店名にする店はあまりなかったと思えるが、今でも「もゝんじや」を名乗る獣肉料理店が両国橋東畔にある。

### （4）「御ぞんじ」獣鍋屋

獣肉屋では獣肉を吸物にして出していたが、小鍋立にして食べさせる店が現われてきた。『傾城水滸《けいせいすいこ》伝《でん》』二編（文政九年）には「けだものみせ」で「なべやき」を食べている尼が描かれている（図73）。物語上のフィクションで、尼がこのような店で獣鍋を食べることは、現実にはありえなかったであろうが、獣肉店で獣鍋が出

図73　獣鍋屋。尼が獣鍋を食べている。『傾城水滸伝』二編（文政９年）

されるようになっているのがうかがえる。『江戸繁昌記』初篇（天保三年）には、「山鯨」と題して「凡そ肉は葱に宜し。一客一鍋。火盆《ヒバチ》を連ねて供具す。大戸《ゼウゴ》は酒を以てし、小戸《ゲコ》は飯を以てす」とあり、『守貞謾稿』にも、

「今世、京坂ともに端町に専らこれ（猪・鹿の肉）を売る。今は葭簀張《よしずばり》店のみにあらず、小店にて烹《にう》売りするよしなり。江戸は特に多くこれを売る。三都ともに葱を加へ鍋烹《なべに》なり」

とあって、幕末頃には獣肉の小鍋立が流行している。

絵入の『たねふくべ』三集（弘化二年）には、獣鍋屋で獣鍋を食べている絵が描かれているが、障子に「御ぞんじ」と書かれている（図74）。同書には、この外にも「御ぞんじ」と書いた獣鍋屋の絵が描かれている（図75）。こう書くのが流行していたようで、「皆さま御ぞんじの獣鍋」といったところであろうか。

獣肉は嫌われものだった。それでも、江戸の町には獣肉を売る店が出来、やがて獣肉を食べさせる店が出来た。獣肉店は、獣肉をストレートに表現するのではなく、牡丹や紅葉と大和言葉に置き換え、絵まで添えてアピールした。また、店の名も、

図74　獣鍋屋。獣鍋が煮え立っている。障子に「御ぞんじ」と書かれ、「はつ山としやれて先達《せんたつ》大あくら」とある。『たねふくべ』三集（弘化2年）

図75　獣鍋屋。ここにも「御ぞんじ」と書いた獣鍋屋の絵が描かれ、「冬枯《ふゆかれ》にもミぢと牡丹《ほたん》真《ま》ツさかり」とある。『たねふくべ』三集

山奥屋と表記して、親しみやすい名とし、獣肉をより美味しく食べさせる小鍋立という食べ方を工夫し、「御ぞんじ」といったキャッチフレーズまで創り出した。獣肉屋はこのような工夫と努力によって発展してきたが、明治期になって、牛鍋が流行するようになると、その流れに押されて衰退していった。しかし、換言すれば、牛鍋の流行は、獣鍋を前提にして生み出されたといえる。

## （5）ぶた鍋屋の出現

江戸で豚が飼われていなかったわけではないが、食用としてではなく、外科医が実験用に飼っていた。

〇「外科殿のぶたは死に身で飼はれて居」（柳一、明和二年）

〇「兼て覚悟を極めてる外科の豕《ぶた》」（柳九六、文政十年）

その豚を江戸の人々は食べるようになった。『守貞謾稿』には、

「嘉永前、豕《い》を売ること公になし。嘉永以来、公にこれを売り、その招牌《かんばん》たる行燈に墨書して曰く、琉球鍋」（巻之五）

「横浜開港前より所々に豕《ぶた》を畜《やしな》ひ、開港後いよいよ多く、また獣肉店民戸にてこ

れを売ること専らなり。開港後は鳥鍋・豕鍋と記し招牌を出し、鍋焼に煮て売る店も所々に出たり」（後集巻之二）

とある。

嘉永（一八四八～五四）の次が安政で、横浜の開港は安政六年（一八五九）になる。嘉永年間より豚肉が売られるようになり、横浜開港後にはぶた鍋屋が出来たとしている。

酒井伴四郎の「江戸江発足日記帳」の万延元年（一八六〇）八月十八日には「ぶた鍋にて酒壱合呑帰り候」とあり、十月二十五日にも「天神え参詣、其前にてどぜう・ぶた鍋にて酒弐合呑」と記されていて、『守貞謾稿』の記述を裏付けている。

幕末にはぶた鍋屋があったが、「食肉の流行は鳥鍋から豚鍋、それから牛鍋と変化した」と先に述べた「月刊食道楽」（明治四十年四月号）にあるように、ぶた鍋屋も牛鍋屋に押されてあまりみられなくなった。

# 十一　居酒屋の営業時間

## 1. 早朝から営業していた居酒屋

江戸の居酒屋は朝早くから営業していた。油を灯した行灯のような照明器具では、夜の店内は暗く、居酒屋営業の重点は明るい時間帯に置かれていた。

式亭三馬の『四十八癖』初編（文化九年）には、朝帰りの二人が「角大で四合半とむけべい」と、角大という店で迎え酒としよう、といっている。

また『貞操園の朝顔』四編（江戸末期）という人情本には、主人公の太三郎が、まだ夜の明けきらない早朝、表に縄簾《なわすだれ》をさげ、煙が立ち昇っている「飯屋」を見つけて中に入り、「もう飯はできたかえ」と尋ねると、主人は、飯はとっくに出来ている、飯のほかにも「から汁、芋の煮転《にころば》し、油揚の甘煮《うまに》、肴は鰯の塩焼」が出来る、

図 76　飯屋も兼ねた居酒屋。『笠松峠鬼神敵討』（安政 3 年）

と答えている。主人公は、から汁と鰯を肴に熱燗の酒を二合ほど飲み干すが、店にはすでに三、四人の先客がいて酒を酌み交わしている。

ここでも客が早朝から酒を飲んでいる。飯屋とあるが、酒も出していて、居酒屋のようなものである。居酒屋と飯屋の区別をしにくい店も多くあった。『笠松《かさまつ》峠《とうげ》鬼神《おにがみ》敵討《かたきうち》』（安政三年）には、「めし　壱せん十二文　酒　さかな」と大書した障子を立掛けた居酒屋が描かれている（図76）。今でも飯が食べられる居酒屋は結構ある。

式亭三馬の『七癖上戸』「うるさき宴」（文化七年）では、「ぐち上戸」と「だまり上戸」の二人が酒を酌み交わしているが、「ぐち上戸」が、「江戸の酒はいい酒だから早くから飲んでいても酔っ払うことはない、もっと飲め」と酒を強いている。それに対し「だまり上戸」が「片明るい（薄明るい）内から飲んだから酔っ払わないはずはない」といって拒み、「今晩隣の家の茶飯に呼ばれていたが、間に合わなくなった」と嘆いている。この二人は早朝から夕方まで酒を飲んでいたことになる（後掲、図97、二三九頁）。

『笑嘉登《わらうかど》』（文化十年）という小咄本には、木挽町の芝居小屋の「木戸番《きどばん》、中売《なかうり》、外《そと》の仕切《しきり》四五人」が横町の煮売酒屋へやって来て、「コレ何《なん》ぞなひかな」「ハイ。まだ昼まへゆゑできませぬが、あわびのふくら煮と鮹がござります」「それでもよし」といって注文し、各自酒を飲んだり、飯を食べたりしている。昼前から、現在のランチタイムと同じように居酒屋に食事をしにやってくる人もいた。

『四十八癖』三編（文化十四年）には、亭主の留守中、長屋の女房が、昼の支度をするのが面倒だから「角の居酒屋へ平《ひら》（平椀）を持往《もつ》て、湯豆腐を八文ですまさう」といっているところへ、タイミングよく居酒屋から差し入れの出前が届けられる話が出ている。出前を差し入れしたのは知人の「半さん」で、半さんはそこで昼前から酒を飲んでいて、熱燗の酒、潮際河豚《しおさいふぐ》の鼈煮《すつぽんに》、まぐろのさし身を届けさせた。

図 77　居酒屋からの出前。チロリの酒と岡持ちに入れた料理が届けられている。『四十八癖』三編（文化 14 年）

長屋の女房はこの酒と肴で近所の人と酒盛りをはじめることになるが、居酒屋の料理がテイクアウト出来ることや、出前をする居酒屋もあったことがうかがえる（図77）。

『世事見聞録』「歌舞伎芝居の事」には「今軽き裏店《うらだな》のもの、その日稼ぎの者どもの体《てい》を見るに、夫は未明より草履《ざうり》・草鞋《わらぢ》にて棒手振《ぼてふ》りなどの家業に出るに、妻は夫の留守を幸ひに、近所合壁《あひかべ》の女房同志寄り集まり、己が夫を不甲斐性ものに申しなし、互ひに身の蕩楽《たうらく》なる事を咄し合ひ、また紋かるた・めくりなどいふ小博奕《ばくち》をいたし、或は若き男を相手に酒を給べ（飲《た》み）」とある。

長屋のこういった酒盛りは珍しいことではなかったようだ。

## 2．終夜営業の居酒屋

居酒屋には夜通し（一晩中）営業している「夜明かし」という店があった。江戸には幕府公認（官許）の吉原のほか、非公認の遊里（岡場所）が数多くあった。江戸にある遊里の品定めをしている『婦美車《ふみぐるま》紫鹿子《むらさきかのこ》』（安永三年）には、吉原のほか六九カ所の岡場所の名がみえ、遊里のある場所は江戸全域にわたっている。「夜明かし」はこういった遊里帰りの客などを当て込んでオールナイトで営業していた。『大千世界《だいせんせかい》楽屋探《がくやさがし》』（文化十四年）に「田町の夜あかしへよつて、雪花菜《から》汁《じる》で小半《こなから》（二合半）飲みなほさう」と出ている田町は、浅草日本堤南側にあった町で、そこは吉原の目と鼻の先にあったため、吉原帰りの遊客を目当てに、夜明かしで営業している店があった。

新宿にも朝帰りの客にから汁（後述）を食べさせる店が並んでいた。『角鶏卵《かくたまご》』（天明四年）には、新宿の遊里の外れには「片側にならぶ、から汁と書たる方燈《あんどう》、這入口《はいりくち》に耀《かゝやき》て、行来《ゆきき》を照らす。朝帰りの客こゝに来て足をとゞむ」とあって、「から汁」の看板を出した店が朝帰りの客で賑わっている（図78）。

　夜明かしでは、よくから汁を肴に酒を飲んでいる。「夜明かしの酒屋へはいり、から汁に四文こなからとしやれる」（『妓娼精子《きしようせいし》』文政年間）とか、「一昨日の晩、蕎麦が二杯、帰りがけに夜明かしで、きらず汁に酒が一合」（『三人吉三廓初買』）と出ている。から汁とは豆腐のおからを入れた味噌汁のことで、きらず汁ともいった。「から汁で迎え酒をやらかすと、はらあんばひ（腹具合）は直る」（『甲駅雪折笹《こうえきゆきおれざさ》』享和三年）といわれたように、から汁は二日酔いに効能があると信じられていたからである。

図78　「から汁」の看板。『角鶏卵』（天明4年）

『七不思議《ななふしぎ》葛飾《かつしか》譚《ものがたり》』（元治二年）には「よあかしといふ燗酒屋」が「夜中屋　茶めし　あんかけとうふ」の看板を出して営業している絵が描かれている（図79）。夜明かしの様子を眺めることが出来るが、深夜営業の侘しさが伝わってくる。饗庭《あえば》篁村《こうそん》の『むら竹』「苦竹」（明治二十三年）には、

図79　「夜中屋」。葭簀《よしず》張りの店で、外に床几が置かれている。客が「あつくかんしてまづ五合はやくはやく」と急がせている。『七不思議葛飾譚』（元治２年）

そんな様子を描写した一文がみえる。

「ボンボリの灯光《あかり》ますます暗く、軒の下、溝《どぶ》の上に、わずかの台を出し、破れ桐油《とうゆ》（破れた桐油紙）を天秤棒の幕串《まくぐし》にまとひ付けて、人目せき屋の板庇《いたびさし》、月にあらねど、もりかけ八厘、上酒一銭、御煮染《おんにしめ》としるしを見せし「夜明し」という煮売店あり。（略）座敷は狭き床几一脚、一二度逢えば名はしらねど早や爾《なんぢ》我《われ》の交際《なか》となるとぞ」

明治期に入ってからの様子であ

るが、破れた桐油紙（油桐《あぶらぎり》をひいた紙）を張り巡らした屋台のような夜明かしには、ボンボリの薄暗い明りが灯り、一、二度逢えばすぐに親しく酒を酌み交わす仲間になるほど店内は狭い。

今でも居酒屋では、隣り合わせた人と会話がはずむことがある。居酒屋のよさでもある。

# 十二　居酒屋の客

## 1. 振売と日傭取（日用取）

居酒屋の客、というと今では仕事帰りのサラリーマンが多いが、江戸の様子は大分違っていた。

「一」の3で触れた豊島屋酒店の客は、荷商人《にあきんど》・中間《ちゆうげん》・小者《こもの》・馬士《まご》（馬方）・駕籠《かご》の者（駕籠かき）・船頭《せんどう》・日傭《ひよう》（日用）などであったことを記したが、こういった江戸の社会の底辺を構成する人々が居酒屋をよく利用する客だった。そこで、この人たちが江戸の町にどのくらいいたのか探ってみた。

この人々を大きく分けると、町方の労働者（荷商人・馬士・駕籠かき・船頭・日傭）と武家奉公人（中間・小者）に分けることが出来る。

町方の労働者のうち、早くから多くいたのが荷商人と日傭取《ひようとり》（日用取）だった。荷商人とは振売《ふりうり》のことで、棒手振《ぼてふり》ともいった。振売は売り物を担いだり提げたりして、声をあげながら売り歩いていた。幕府は、振売の自由な営業を認めず、早くも慶長十八年（一六一三）には、町奉行所から振売札《ふりうりふだ》の交付を受けた札所有者のみに営業を許可していたが、振売の数が増え、万治二年（一六五九）二月には、江戸北部（日本橋より北）だけでも五九〇〇人に達していた（『正宝事録』一三三二）。

振売はわずかな資金でだれもが営むことのできる生業で、都市下層民の増加にともない種々の業種に及んでいた。増え続ける振売に対し、奉行所は万治二年四月に、振売札制度を見直し、振売札を必要としない業種を指定した。振売札を必要としない業種は二六種にも亘《わた》り、こうなると振売札制度は有名無実化して、振売は自由放任状態になっていた。

そこで、奉行所は、延宝七年（一六七九）二月に「振売商売人がみだりに多く出来たと聞いている。近日中に実態調査し、先規のごとく札を出して人数を改め、当年は新規振売を停止する」（『撰要永久録』）という触れを出して、振売札制度を復活させ、新規振売の参入を禁止している。しかし、その効果はなく『嬉遊笑覧』は「この後（延宝七年以後）はこのような触れは聞かれず、（振売札制度は）遂にすたれ

図80　「魚売」と「青物売」。『江戸職人歌合』上（文化5年）

てしまったようだ」としている。

結局、幕府は江戸庶民のその日稼ぎの生業活動を規制することはできなくなり、江戸の町々には振売が一日中いろいろな物を売り歩いていた（図80）。ここにも江戸の庶民パワーが政治を動かした例がみられる。

式亭三馬の『浮世風呂』（文化六〜十年）には、食べ物関係だけでも次のような振売が時間差で登場している。

（朝から昼にかけて）納豆売り、金時売り（大角豆《ささげ》に砂糖を入れて煮たもの）、あさり・蛤のむき身売り、ひしお・金山寺・醤油のもろみ売り、菜

（昼頃）　漬・奈良漬・南蛮漬売り、前栽（青物）売り、魚売り
　　　　　あやめ団子（アヤメの花にかたどった団子）売り、豆腐売り、
　　　　　蒲焼売り、白酒売り
（午後二時頃）甘酒売り
（夜間）　大福餅売り、ゆで卵売り、おでん売り、御膳麦飯売り、正
　　　　　月屋（汁粉売り）、風鈴蕎麦（夜鷹蕎麦）売り

まさに移動コンビニといった感がある。

日傭取とは一日単位で仕事をする人で、日傭（日用）ともいわれた。日傭取も、その取締まりが必要なほど数が増え、幕府は、早くも承応二年（一六五三）に、日傭取に対し日用頭より日用札を受け取って仕事をするよう命じているが、寛文五年（一六六五）には「日用座」を設け、日用座から日用札を受けた者だけに日用稼ぎを許可している（この日用座の制度は寛政九年まで存続した）。日用札を受けなければならない業種に指定されたのは、初めは鳶口《とびぐち》（土木工事の手伝い人足）、米舂《こめつき》（米屋や町々を歩いて精米する人）、背負《せおい》・軽籠持《かるこもち》（荷物を運搬する人）などの日用取であったが、しだいにその対象が車力・駕籠かき・武家奉公人へと拡大された。この業種

の日用取が増えていったことがうかがえる。車力は延宝七年（一六七九）から、駕籠かきは宝永四年（一七〇七）から日用札が必要になっているから、この頃には数が増えていたことになる。以下にその様子を述べてみる。

## 2. 駕籠かき

江戸庶民の乗る駕籠は四手駕籠《よつでかご》と呼ばれる四本の竹を柱とし、割竹で簡単に編んだ粗末な駕籠で、これをかつぐのを駕籠かきといった（図81）。

江戸時代の乗物は、引き戸のある特製の駕籠を「乗物」、四手駕籠のような粗製のものを「駕籠」といって区別されていた。「乗物」に乗れる人は制限されていて、上級武士、公卿、医者、僧侶などの身分のある者でなくては乗れなかった。運転手つきの自家用車にあたるのが「乗物」、タクシーにあたるのが「駕籠」ということになるが、駕籠に乗るにも制約があった。街道筋で旅駕籠に乗ることは許されていたが、江戸市内で駕籠に乗ることは禁じられていた。

しかし、江戸の人口が増加し、市域が拡大されて、駕籠を利用する者が現われてきた。これに対し、幕府は、寛文五年（一六六五）二月に、町中で駕籠に乗ること

図81　「四ツ手駕かき」。『江戸職人歌合』下（文化5年）

は従来からのご法度《はっと》であるとして、品川・千住・板橋・高井戸の内側で駕籠に乗ることを厳禁している。この四カ所は江戸の四宿と呼ばれ、東海道（品川）、日光街道・奥州街道（千住）、中山道（板橋）、甲州街道（高井戸）の五街道から江戸市内に入る入口にあたっていた。この内側は幕府のお膝元になる。ここで市民が勝手に駕籠に乗ることは身分制秩序を乱すことになるからだ。

しかし、これが守られずに、駕籠に乗る者がいて、延宝九年（一六八一）には、乗った人、駕籠の持主、駕籠かきを処罰するといったさらに厳しい町触れが出されている。しかし、これも効果はなかったようで、この後も「この頃、みだりに貸駕籠（料金を取って駕籠に乗せること）をしているようにみえるが、今後は行ってはならない」といった触れが頻繁に出されている。「貸駕籠」は増加の一途をたどっていた。

ついに幕府は、元禄十三年（一七〇〇）八月に、条件付きで貸駕籠の営業を許可するにいたった。貸駕籠に極印《ごくいん》（免許の焼印。今のナンバープレートに相当）を付けた貸駕籠の営業を認め、それを利用できるのは旅人・極老《ごくろう》の者・病人・女・小児に限るとした。条件付きではあるが、貸駕籠は町中を自由に往来することが出来るようになり、貸駕籠の数は増えた。元禄十六年（一七〇三）十一月に町奉行所の命によって行われた貸駕籠数調査によると、その数は一二七三挺を数えるに至っている。フル稼働していたとすると、二五〇〇人以上の駕籠かきがいたことになり、町の辻などに待機していて客を乗せる辻駕籠も現われてきた。タクシー乗り場が出来たことになる。

　このような状況に対し、幕府は正徳三年（一七一三）に駕籠の数を制限する政策を打ち出し、町奉行は三〇〇挺に限って、それに焼印《やきいん》を押して渡し、その外の貸駕籠の営業を禁止した。

　このため、多くの者が生活に困り、無印の駕籠（今でいう白タク）で仕事をする者が増え、取締りにあって難儀していた。そこで享保十一年（一七二六）十二月に、年番名主たちは、焼印の数を増やしてほしいと町奉行所に嘆願書を提出した。これを受けた町奉行は、南北二人の町奉行（南は大岡《おおおか》越前守《えちぜんのかみ》忠相《ただすけ》、北は諏訪《すわ》美濃守《みののかみ》頼篤《よりあつ》）が連名で、無印駕籠の勝手次第（ナンバープレートなしの駕籠）を許可してよいか幕府に伺書を提出。幕府はこれを承認し、その結果は、北町奉行から町名主に伝えられた。利用者の制限の撤廃については言及されていないが、これはすでに有名無実化していて、これで誰もが気軽に駕籠に乗れる時代となった。我々に馴染みのある大岡越前守忠相が駕籠の規制撤廃に一役買っていたのは興味ぶかい。

『世事見聞録』「諸町人の事」は「町人の妻妾そのほか手代等、駕籠に乗ること近来の風儀なり」と、だれもが気軽に駕籠に乗る時代が到来していることを告げている。

駕籠かきの数は増え、西沢一鳳軒の『皇都午睡《こうとごすい》』（嘉永三年・一八五〇）には、

「江戸通り筋の木戸々々、見附々々に辻駕籠とて駕籠に尻かけ、往来を見かけ次第、「駕籠へ駕籠へ旦那かごへ」と呼び居る。駕籠屋と云も一町に五軒と七軒はなき所なし」

とある。駕籠かきには、借り賃を払って駕籠屋から駕籠を借りて辻駕籠を営む者と駕籠屋に雇われて仕事をする者がいたが、その数は『守貞謾稿』によると「今世、四つ手の数も万をもって数ふべし」と、一万人以上いたとしている。

今のタクシー運転手は、酒を飲んで運転することは厳禁であるが、江戸の駕籠かきは景気づけに結構酒を飲んで駕籠を担いでいる。また、予め決めた料金にチップとして酒手《さかて》（酒を飲む金）を要求している様子もよくみられる。駕籠かきに酒はつきものだった。彼らは居酒屋の得意客で、『今朝春三ツ組盞《けさのはるみつくみさかずき》』（明治五年）には、

図82　居酒屋に入っていく駕籠かき。看板に「上酒　中汲　めし　から汁にしめ」とある。『今朝春三ツ組盞』（明治5年）

店の前に駕籠を置いて「夜明かし」に入っていく駕籠かきが描かれている（図82）。この物語では、駕籠かきとこの店のおやじは顔なじみ、という筋書きになっている。

## 3. 車力（車引き）

駕籠がタクシーならば、トラックに当たるのが大八車ということになる。大八車は荷物運搬用の荷車で、寛文年間（一六六一〜七三）に江戸で創り出された。『本朝世《ほんちょうせ》事《じ》談綺《だんき》』（享保十九年）には「寛文年中、江戸にてこれを造る。人八人の代《かはり》をするといふを以て、代八《だいはち》

図83　大八車と車力。『北斎漫画』二編（文化13年）

と名付《なづけ》。今大八と書《かく》」とある。人八人の代りをするから代八と称され、後に大八と書かれるようになったとあるが、大八という者が作りだしたとする説もある。

大八車は輸送力にすぐれ、貸駕籠と歩調を合わせるように、急速にその使用が広がっていった。元禄十六年十一月に行われた貸駕籠数調査の際には、大八車数の調査も行われているが、その数は二二〇九輛となっている。

この大八車などを引いて荷物を運搬する人が車力で、車引きともいった。
○「車引無口なやつは跡を押し」（柳八二、文政八年）
前で車を引く者は大声で人を除けさせる必要があるからで、大八車は二、三人で引いたり押したりした。元禄時代には、江戸にはかなりの車力がいたことになる（図83）。

大八車の引き手の車力は、なかには車持ちの者もいたが、車宿《くるまやど》にかかえられて働く者も少なくなかった、彼らは居酒屋の得意客で、
○「居酒やに馬と車のはらいもの」（万句合、宝暦十三年）
馬子と車力が居酒屋の前に馬や車を置きっぱなしにして酒を飲んでいる。馬子も居酒屋の得意客であった。

## 4. 武家奉公人

江戸には武家屋敷に仕えて雑用をする若党《わかとう》・徒士《かち》・中間《ちゆうげん》・小者《こもの》・陸尺《ろくしやく》といった武家奉公人が多数いた。これらの武家奉公人は、代々その家に仕える譜代奉公人であったが、荻生徂徠が将軍吉宗に献上した『政談』（享保十二年頃）に「近年出替り奉公人盛んになりて、（譜代者は）武家にては絶えてこれなく」とあるように、享保のころには、譜代奉公人が姿を消し、出替奉公人が一般化した。出替奉公人とは、期限つきで雇われて出替る（入れ替る）奉公人のことで、出替りの期間は、はじめ

は一年あるいは半年であったが、やがて三月、一月、二十日、十日から一日だけの日雇まで出現した。出替奉公人は人宿《ひとやど》（慶庵《けいあん》・口入《くちいれ》などとも）の斡旋により、多くは百姓、町人が雇われた。江戸では武家奉公人の需要が多く、これを仲介・周旋する人宿が多数存在するようになり、その数は、宝永七年（一七一〇）には三九〇人余に達していた。

武家奉公人は、その日稼ぎ的な雇用形態で給金も安く、草履《ぞうり》、草鞋《わらじ》などを作って人に売り、銭を貫くための緡《さし》（後述）を作って商家などに押し売りをしていた。武家奉公人の出替奉公人化は、武家の奉公人の質の低下をもたらし、風儀上好ましくない傾向が生まれたが、『風俗遊仙窟』に中間の居酒風景が描かれていたように（図12、三六頁）、居酒屋にとっては客層を増やすことになった。

武家奉公人は居酒屋によく出入りしていたが、問題を起こす客として扱われていることが多い。

南町奉行を務めた根岸鎮衛《やすもり》が書いた見聞録『耳袋』（文化十一年）には、次のような話が載っている。

居酒屋に酔って入ってきた徒士体《かちてい》の男が、店に腰かけて酒食をしていた一人の町人に、したい放題の嫌がらせをする。町人は苦笑いをして一向に取り合わなかったが、やがて頭にきた町人は豆腐を熱々に煮て、それにからし・わさびを沢山かけたものを注文して持ってこさせ、それが入ったどんぶりを「わる者」の頭へぶっかけ、騒ぎにまぎれて姿を消してしまう。店にいた客は「かの徒士体のもの最初よりの始末を憎み居ければ、たれありて気の毒というものなく、いずれも喜びしとかや。かの徒士は、熱湯をあたまよりかぶり、殊更からし・わさびのからみに目口を痛め、葛醤油にて全身をやけどして、たれ相手なければ、腹立つのみにてかえりしを、人々どよみ喜びしとや」

誰も同情する者はなくいい気味だ、といった感じである。

『はなし句応』(文化九年)という笑い話には、折助(中間)が居酒屋に入り、酒と湯豆腐を注文し、美味い湯豆腐だといってさかんにお替りをし、酒代だけ払って逃げ出すが、追いかけてきた居酒屋の男たちに捕まって連れ戻されてぶちのめされたうえ、川の中に放り込まれる。川からはい上がってきた折助が、「つめたい。なんぼとうふをくったむくいだとて、おれをひややつこにしおった」というのが落ちになっている。情けない話であるが、彼らの金銭上のトラブルは少なくなかったものと思える。

## 5. 下級武士

鍬形蕙斎《くわがたけいさい》の『近世職人尽絵詞《きんせいしよくにんづくしえことば》』(文化二年) には、先に紹介した新和泉町 (人形町三丁目) の四方《よも》の居酒屋が描かれている (図84)。四方酒店は、店の一部で居酒屋も営んでいて、その居酒屋に「あな寒や、ひとつたうべなん」(ああ寒い、一杯飲もう) といって、頭巾で顔を隠した二本差しの武士が入ってきている。この武士も頬かぶりして居酒をしにいった其角と同じように (二一五頁)、人に顔を見られたくなかったようだが、寒さで冷えた体を暖めるために居酒屋に入ってきている。

店内には四人の先客がいて、振売が荷物を店の外に置きっぱなしにして酒を飲んでいたり、やくざ風の男が入墨を見せてすごんだりしている。さまざまな人が居酒屋に出入りしていることがみてとれる。

『金儲花盛場《かねもうけはなのさかりば》』(文政十三年) には、供を連れて「茶漬見世」に入っていく武士が描かれている (図85)。中間風の供のものが、

「旦那、お茶漬はわたくしへも下さりますか。先刻、酒屋では旦那ばかり、わた

図 84　四方《よも》の居酒屋。右手から頭巾をかぶった武士が入ってきたところ。店内にはほかに四人の客と三人の店員がいる。左手の板張の狭い部屋には、酒の燗用の銅壺が置かれ、銅壺には鍋がかかっている。『近世職人尽絵詞』（文化２年）

くしへは見せておいてまぐろの刺身で、さもうまそふに御酒をめしあがる。そのおそばに咽《のど》をぐびぐび鳴らしながら、じつと見ておつたときのこの奴めが心のうち、まあどのやうにあらうと思《おぼ》し召す……」

と愚痴りながら後をついて行っている。この二人連れは、ここに来る前に居酒屋に寄っている。このように武士が供の者を連れて飲食店に入る様子はよくみられ、『世上洒落見絵《よのなかしやれけんのえ》図《ず》』（寛政三年）にも供の者を連れて蒲焼屋に入る姿が描かれている

図85　「茶漬見世」に入る武士と中間。『金儲花盛場』（文政13年）

（図86）。下級武士は居酒屋をよく利用していて、

○「居酒屋で任官をするけちな武士」（柳一〇八、文政十二年）

居酒屋を就活の場としても利用する武士もいた。けちではなく、予算上やむを得ないのである。

先に紹介した紀州藩の下級武士・酒井伴四郎は、万延元年（一八六〇）五月二十九日に江戸着任してから十一月末まで、江戸での暮らしを「江戸江発足日記帳」に毎日欠かさず詳細に記しているが、彼は頻繁に外食している。外食の際には酒を飲むこともあって、そば屋、料理茶屋、蒲焼屋、茶漬屋、茶飯屋、雁鍋屋などで酒を飲んでいるが、このほかの店でも、次のように酒を飲んでいる。

・「湯豆腐・玉子焼・香の物にて酒一合呑」（六月二十二日　上野不忍池）
・「あなご、いも・蛸甘煮にて酒呑飯を喰」（七月十六日　浅草）
・「ぶた鍋にて酒一合呑」（八月十七日　赤坂）
・「かしわ鍋喰に入り、（かしわ鍋を）蛤鍋と替、夫《それ》にて一盃呑」（九月十八日　京橋）
・「どぜう・ぶた鍋にて酒弐合呑」（十月二十五日　赤坂）

どのような店か不明だが、湯豆腐、鍋物、芋の煮物といった居酒屋によくみられ

図 86　蒲焼屋に入る武士と中間。『世上洒落見絵図』（寛政 3 年）

る肴で酒を飲んでいる。伴四郎は、専門店のときは食べ物屋の種類や店の名前を記しているので、これらの店は居酒屋風の店だったと思える。江戸参勤の下級武士が、居酒屋に気軽に出入りして飲食している様子がみてとれる。

# 十三　居酒屋で飲む酒

## 1．酒と肴の注文の仕方

いうまでもないことだが、居酒屋では肴をつまみに酒を飲む。酒と肴は切っても切れない関係で、居酒屋に限らず、酒を飲ませる店の看板には「酒肴」の文字がよくみられる。『雑司ヶ谷記行』（文政四年）には「御酒肴」の看板を出した「菜飯田楽の茶や」が載っている（図87）。

酒には肴ということになるが、肴とは、酒の「サカ」と、酒や飯に添えて食べる「ナ」との合成語で、「酒に添えて食べる物」の意である。したがって両者の関係は、酒が主役で、肴は酒を美味しく飲むための補佐役ということになる。

酒の肴のことを「つけ」とも言っている。酒に付けて出すところからきているよ

図87　「御酒肴」の看板を出した菜飯田楽の店。『雑司ヶ谷記行』（文政４年）

うだ。吉原の風俗の変遷を記した『麓の色』（明和五年）には、吉原では「昔は酒の肴も、畳鰯・小梅・煮豆など省略したものを常に出していたが、今は硯蓋《すずりぶた》・鉢肴《はちざかな》あるいは干菓子を出すようになり、客も料理をよくする家を、つけのよき家と慕っている」とあって、「つけのよき家」は、上等な酒の肴を出す家の意味に使われている。『東海道中膝栗毛』八編（文化六年）では、弥次さん・北（喜多）さんが、大坂の天満橋近くの居酒屋に入って一杯飲むが、弥次さんが「ここはつけがわりい。又さきへいってのみやれ」といって、早々に引き揚げている。「つけ」は、遊里で出す酒の肴を表す言葉として使われるようになっている。

日本では酒があっての肴ということになる。居酒屋では、まずは酒の注文から始まる。今でいう「とりあえずビール」である。ヨーロッパのレストランのようにまず料理を選び、それに合ったワインを注文するようなことは居酒屋では行われていない。

居酒屋での酒の注文の仕方を眺めてみよう。

二人連れの客が「酒や」へ入り、「こなからくんな」と酒だけを注文したり(『酔《すい》姿《し》夢中《むちゅう》』安永八年)、四人連れの客が、景気よく一杯飲もうといって上野山下の「山田屋」という店に入り「小なからなんぞはやく。できる肴をしてもってきてくんない」といっている(『広街一寸間遊《こうがいちょんのまあそび》』安永六年)。また、「酒屋」に入った客が「い、酒を一合と。肴は何があります」と亭主に尋ね、亭主が「ハイ鰯の酢いりと煎菜《いりな》・芋の煮ころばしでござります」と答えている(『雑司ヶ谷記行』文政四年)。

これらの注文の仕方は、まずは酒で、肴は二の次といった感じである。酒と肴を同時に注文している場面も多くみられるが、あくまでも酒を飲むための肴の注文といえる。例を示すと、「中台《なかだい》お一人《ひとり》さま、四文《しもん》一合湯豆腐《ゆどうふ》」(『浮世床』

初編）と客の注文を奥に通しているし、折助《おりすけ》が居酒屋に入り「二十四文を壱合に、ゆどうふをくんな」（『はなし句応』）と注文している。二人連れが「酒屋」に入り「四文ンの酒を三ン合ウ」「肴はねぎまがよし」（『愛敬鶏子《あいきょうたまご》』）といったりしている。

## 2. 酒の値段と量を言って注文

居酒屋では、酒を注文するのに「二十四文を壱合」とか「四文ンの酒を三ン合ウよしか」といったように、酒の値段と量を言って注文している場面がよくみられる。『浮世《うきよ》酒屋《さかや》喜《き》言上戸《げんじようご》』（天保七年）には、居酒屋に入ってきた三人連れの客が「酒はグット能《い》のがい丶ぜ」「三合ばかり懸《かけ》てくだアし」といって注文しているが、これなどは懐具合のよい客の注文の仕方になる。一般的には、限られた予算でどの位の量の酒を飲めるか、は居酒屋の客層にとっては大切なことで、懐具合に応じて酒が飲めるのが居酒屋のよさだった（図88）。

江戸の居酒屋では、今のように消費税を取られることもなく（食べ物商売すべてがそうだったが）、注文しないのにお通しが出されることもなかった。「お通し制度」には賛否両論があり、「料理が出てくるまで間を持たせてくれる」「何が出るか楽し

図 88　居酒屋の店内。座敷席は衝立で仕切られ、各自が好みのものを注文し酒を飲んでいる。『浮世酒屋喜言上戸』（天保７年）

み」といった賛成論に対し、「頼みもしないのに勝手に出して料金を取るのは不当」といった反対論がある。酒を飲まない人にもお通しが出て料金が取られることがあるが、これは席料ということになるのであろうか。これから外国人観光客もより多く訪れることになるだろう。このお通し制度が理解されるとよいのだが。

　お通し制度がいつから始まったかよく分からないが、比較的新しい制度のようだ。大槻文彦の『大言海』（昭和七年）には、著者が没する昭和三年までに収録された膨大な語彙（見出し語、約九八〇〇〇語）が収められているが、その中には「通し」「お通し」といった語はみられない。手元にある昭和十五年一月版の『廣辞林』をみると「通」が出ていて、「とほし（通）料理屋にて、客に其註文の料理を出す前に、先づさし出す手軽なる酒の肴」と載っている。状況からみて昭和十年頃から始まった制度ではなかろうか。取りあえず酒を注文して酒を飲む飲み方が、お通し制度を生み出したものと思える。

## 3．二合半単位で酒を注文

前に引用した『七癖上戸《ななくせじょうご》』の「うるさき宴」には、左上方から居酒屋の正面を眺めた絵が出ていて、店構えや店内の様子がよくわかる（図89）。入口には平目などの魚が吊るされ、店の左の方には、「大極上　中汲　にごり酒」と書かれた細長い看板が立掛けられている。文中で店員が「中台お三人さま、四文二合半《しんもんこなから》鰒《ふぐ》の鼈煮《すっぽんに》が出ます」と、オーダーを奥に通している。「中台」は客席の場所を示し、中ほどに並んでいる腰掛をいった。一人の客が中台に腰かけて酒を飲んでいる。

「四文二合半《しんもんこなから》」とは、四文一合の酒を二合半（こなから）という意味で、居酒屋で最下等の安酒をオーダーするときの常套句になっている。この時代、必ずしも四文

るしている。『七癖上戸』（文化７年）

図 89　左上方から眺めた居酒屋。居酒屋の様子がよくわかる。「大極上中汲　にごり酒」と酒の等級を表す細長い看板を立掛け、店先には魚を吊

で酒が飲めたわけではないが、この場合は看板に書かれている「にごり酒」（どぶろく）を注文しているものと思える。一合四文位で酒が飲めるのが居酒屋のよさだ。当時の一文が今のいくらになるかは難問だが、江戸時代を通じて概ね米一石（約一五〇キログラム）が一両であったことを基準にして換算すると、一両が七万五〇〇〇円位、一文が一三円位になる。すると四文酒は五〇円位で飲めたことになる。これでは安すぎるように思えるが、安い酒が呑めたことは確かである。

「こなから（小半）」とは「こ（小）」も「なから（半）」も半分の意で、半分の半分、つまり四分の一のことをいったが、一般的には酒や米の一升の四分の一、すなわち二合五勺を表す言葉として使われるようになった。

「こなから」（二合五勺）という単位は、今からみると半端な単位のようだが、江戸時代には「小半枡《こなからます》」という枡もあったし、武家の下級の奉公人の扶持米は一日二合五勺であった。また、江戸時代の通貨には金貨・銀貨・銭貨の三種があったが、金貨には「両《りょう》」「分《ぶ》」「朱《しゅ》」の三種があって、その交換比率は、一両の四分の一が一分（一両＝四分）、一分の四分の一が一朱（一分＝四朱）というように四進法がとられていた。クォーター（四分の一）という単位は、江戸時代の人々には生活に馴染みのある単位だった。

居酒屋では、「小なからなんぞはやく」などと、客が「こなから」単位でよく酒の注文をしている。今、我々が、「お酒一本」「お銚子一本」といって注文しているのと同じで、実際には二合半でなくても、酒を注文する単位として使われている。

## 4. インフレによる酒の値上げ

また、『七癖上戸』では、店員が「格子の三、お一人さま八文一合湯豆腐」と、注文を奥に通しているが、「八文一合」はどんな酒であろうか。

○「八文が飲むうち馬は垂れて居る」（万句合、明和元年）

○「八文が飲み飲み根ほり葉ほり聞き」（万句合、明和六年）

いずれも明和年間（一七六四～七二）の句で、居酒屋で八文酒を飲んでいる様子が詠まれている。このころ居酒屋では八文で酒が飲めた。

しかし、その後、酒は値上がりして、八文で飲むことは難しくなっている。

酒の値段の変化について、大田南畝は『金曾木《かなそぎ》』（文化六～七年）に、

「予が幼き比《ころ》、（略）酒の価一升百二十四文、百三十二文定価とす。賤《やす》きは八十

文、百文もあり。中頃百四十八文、百六十四文、二百文にいたり、二百四十八文ともなれり。これは明和五年戊子より、南鐐四文銭といふもの出来て、銭の相場賤《やす》く、物価貴《たか》くなれる故也」

と記している。

南畝は寛延二年（一七四九）生まれなので、幼いころとは、大体、宝暦・明和（一七五一〜七二）の頃になろう。この頃なら一合八文の酒があったので、居酒屋で安酒なら八文で酒（清酒）が飲めたが、その後値上がりした。酒が値上がりしたのは物価にスライドして値上がりしたためで、その主因は、南畝がいうように、四文銭の新鋳にあった。

明和五年（一七六八）に従来の一文銭に加え、一枚で四文に通用する真鍮《しんちゅう》四文銭が発行された。四文銭はその後も大量に鋳造されたため、銭相場が下落。物価が高騰しインフレ時代が到来し、酒も値上がりした。明和七年五月に町名主が調査した報告書によると、「酒の値段はこれまで壱升につき八拾文から百文ほどであったのが、現在は壱升に付百十六文から百弐三拾文ほどしている」とある（『江戸町触集成』八二〇〇）。

明和七年以前には酒一升が「八拾文から百文ほど」であったのが値上がりして、文化年間には、『金曾木』に「二百四十八文ともなれり」とあるように、酒一合二五文時代になっていた。明和年間から文化年間までの約四〇年間に酒は約三倍に値上がりしたことになる。

それでも居酒屋では八文で酒が飲めている。『七癖上戸』では「八文一合」の酒が注文されているし、先に紹介した『葉桜姫卯月物語』（文化十一年、図37、一一四頁）でも、二人連れの客が「八文はまたよつぽどいひナア。ソレのんでみや」といって酒を酌み交わしている。

文化年間「八文一合」で飲めた酒は『七癖上戸』の看板にある「中汲」であったと思えるが、時代が変化しても四文酒や八文酒が飲めたのが居酒屋の魅力だった。

## 5. 酒屋の小売値段で飲めた酒

酒は値上がりしたが、居酒屋では、酒屋の小売値並みの値段で酒を飲ませていた。文化・文政年間（一八〇四〜三〇）頃の酒の小売値段を調べてみると次のようになる。

（一）「一升二百四十八文」（『金曾木』文化七年頃）
（二）「一合二十四文」（『愛敬鶏子』文化十一年）
（三）「江戸、文化・文政中、上酒一升二百四十八文ばかり」（『守貞謾稿』）
（四）「文化文政の頃、和泉町四方の滝水、壱升三匁（約三百文）なり。鎌倉河岸豊島屋の剣菱、同二百八十文なり。（略）その次は二百五十文、二百文、下に至りて百五十文まであり」（『五月雨草紙』）

文化・文政年間頃、酒の小売値段はだいたい上酒で一合二五文位だった。

一方、この頃の居酒屋の酒の値段を調べてみると、

（一）「おら、二十四文やの二合さまにしよう」（『无筆節用似字尽《むひっせつようにたじづくし》』寛政九年）
（二）「酒屋」で「二百五拾文一ッ升」の酒を飲んだ（『酩酊気質』文化三年）
（三）居酒屋から出前された酒が一合「二十八文」（『四十八癖』三編、文化十四年）
（四）折助が居酒屋に入り「二十四文を壱合」の酒を注文（『はなし句応』文化九年）

居酒屋で飲む酒の値段は、一合二四文から二八文位で、この値段は酒の小売値段と大差がないことがわかる。居酒屋では、八文で酒が小売りされていた時代には八文酒が飲めたし、酒が値上がりしても酒屋の小売値段で酒が飲めた。酒を酒屋値段で売っても仕入値段（卸売値段）との差が儲けになるからである。居酒屋が繁盛した要因には、酒屋で酒を買うのと同じような値段で酒が飲めたことも大きかった。

## 6. 酒飲み仲間で割勘も

居酒屋での支払いは、今と同じように割勘で支払うことも行われていた。『七癖上戸』「うるさき宴」の居酒屋で酒を飲んでいた二人連れの客は、勘定を払う段になって「二ツ割にしべいサ」と言っているし、五人連れが「居酒屋で拾弐文ツの出合《だしつこ》に」して酒を飲み、勢いをつけて品川の遊里に乗り込んだりしている（『新吾左出放題盲牛』天明元年）。今でも居酒屋で割勘で酒を飲み、勢いづけてキャバレーやクラブに乗り込む人たちがみうけられるが、その江戸時代版になる。

また、仲間同士が「百宛《ひやくづつ》の割合《だしあひ》に、鳫鍋（鍋物屋）のあなごに移り」（『花暦八笑

一編（文政元年）

図90　酒林を吊るした茶店。田舎の茶店なので看板には「一ぜんめし　さとう餅」とあって、酒のほか飯や甘いものなども出している。『金草鞋』十

人』五編）といったように、あらかじめ百文ずつ集めてあなご鍋を食べに行ったりしている。

十返舎一九の『金草鞋《かねのわらじ》』十一編「秩父順礼之記」（文政元年）では、秩父路を旅する二人の主人公が、酒林が吊るされた茶店の前で、

「わしは下戸だからさつぱり酒を呑まない上に、とかく酒の割合《わりあい》をかけられるから、今日はほんとうに見ているばかりで、酒は一口も呑むまいから、もふ割合はお断りだ」

「なるほどなるほど、これはもっともだから、呑まないものには割合はかけまいが、しかし、その酒を呑むそばにゐるから、酒の匂ひは嗅ぐだろう。そこでその匂ひの嗅ぎ賃は出してもよかろうが」

といった会話を交わしている（図90）。酒を飲まない者が割勘に不平を言っている。

今でも、酒を飲む人、飲まない人の間で、割勘の不公平さは常に生じている。

割勘とは、「割前勘定」の略で、割前（頭割り）で勘定をすることだが、江戸時代にはこの言葉はみられなく、「だしあい（出合）」「だしっこ」「わりあい（割合）」

「二つ割」（二人の割勘）などと表現されている。また上方言葉としては「きりあい（切合）」も使われている。大坂詞《ことば》を集めた『浪花聞書』（文政二年頃）には「きり合たとへば一両人乃至《ないし》大勢にても出し合て、くひもの（食い物）何なりと趣向するをいふ」とある。

居酒屋は、一人でも気軽に酒が飲め、仲間同士割勘でも酒が飲める場所として利用されている。

# 十四　居酒屋の酒飲み風景

## 1．飲んでいたのは燗酒

清酒が生まれる前は、寒い時期には燗をして酒を飲むこともあったが、温めずに（冷《ひ》やで）飲むのが普通だった。それが、十六世紀後半に清酒が生まれると、オールシーズン酒を燗して飲むようになった。

ロドリーゲスの『日本教会史』には、

「日本の古来正真の流儀によれば、第九の月（旧暦九月）の九日から翌年の第三の月（旧暦三月）の三日まで、すなわち九月から三月までは必ず熱い酒（燗酒）を用いる。（略）一年のその他の時季には本来冷酒を用いる。もっとも、現在では一年中あらゆる時季を通じて皆の者が熱い酒を一般的に用いるので、今は、この点についていえば一定した一般的なことではない」

とある。ロドリーゲスが日本に滞在していたのは一五七七年から一六一〇年で、その頃の日本の様子になる。

『世諺問答《せげんもんどう》』（天文十三年・一五四四）は、「九月九日の重陽に菊の酒を飲むのは、この日に酒を飲めば病気にならないからで、今日からは酒を沸かして飲む」としている。菊の酒は菊酒ともいい、菊の花を浮かべた酒盃で、重陽の節供の「菊酒」から酒を燗して飲むのが慣わしだったが、そうした飲み方が変化し、十六世紀後半には一年中酒を燗して飲むようになっている。

ルイス・フロイス（在日一五六三〜九七）も、「われわれの間では葡萄酒を冷やす。日本では、酒を飲む時、ほとんど一年中いつもそれを煖《あたた》める」（『日欧文化比較』）と、日欧の飲み方の違いに言及している。

世界的にみて、日常的に酒を燗して飲むのは日本酒と紹興酒だけのようだが、中国では、紹興酒の燗は暑い時期にはあまり行われていないようである。それに対し江戸時代の日本では一年中酒を燗して飲んでいる。

清酒は燗をすることでほのかな香りが立ち、味がまろやかになる。また、燗の温度によって味も微妙に変化する。俳人雀庵の『さえづり草』（江戸末期）には「酒を煖《あたゝめ》るをカンと云。カンとは熱からず、冷《つめた》からぬ間をいへるにて間《かん》也」とある。熱からず、冷たからずちょうど良い温度に温めるから間《かん》（燗）という、としている。江戸の人々が飲んでいたのは燗酒で、酒を売り物にする居酒屋では、燗をつけるのに気を遣っている。

## 2. 酒の燗に気を遣っていた居酒屋

曲亭（滝沢）馬琴の『无筆節用似字尽』（寛政九年）に描かれた居酒屋では主人が燗銅壺でチロリの燗をしている（図91）。

酒を燗するには、炭火で銅壺の温水層を温め、そのお湯を通して、チロリの中の酒を温める。湯煎による燗は、酒を間接的にゆっくり温めるため、酒の味を損なわずにうまみを引き出し、好みの温度に燗をつけることができる。

居酒屋には専門のお燗番もいた。

後でみていただく『六あみだ詣』（図94、二三三頁）や『金草鞋』（図96、二三五

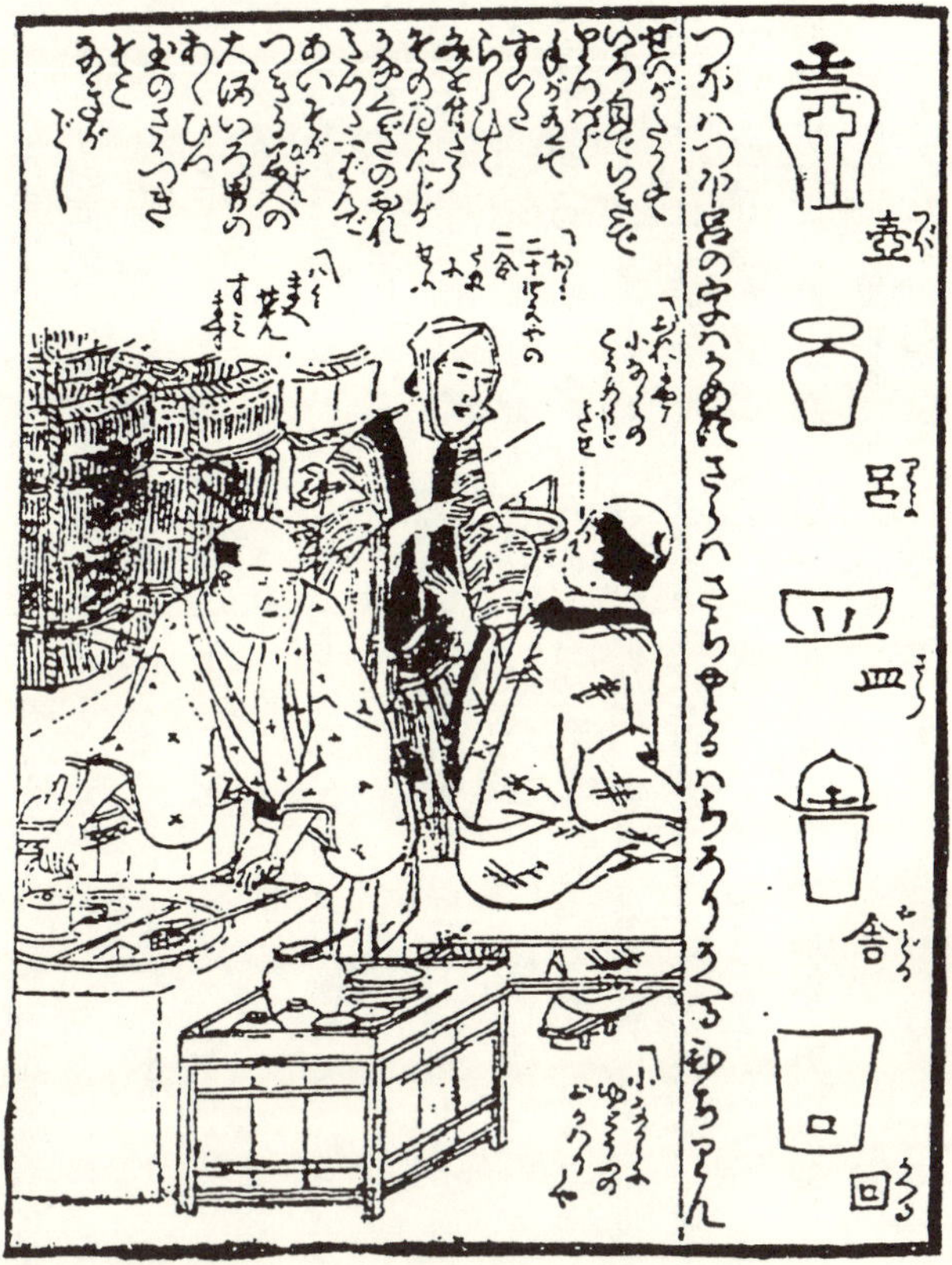

図 91　銅壺でのチロリの燗。亭主が銅壺からチロリを取り出している。
『无筆節用似字尽』（寛政 9 年）

頁）の居酒屋では、お燗場には専門のお燗番がいて、チロリを燗銅壺で燗している。チロリの酒が冷めないような工夫をしている店もあって、『わすれのこり』（文政七年）は、「鎌倉河岸豊島屋酒店」では、冷めないように「燗したるを湯桶に入れて出す」としている。例の豊島屋酒店のことで、このような気遣いをする居酒屋もあった。

客の方も、「酒がぬるい」といって温め直させたり、「熱燗でなければならぬ」とオーダーしたりしている。

「酒は燗、肴は刺身、酌は髱《たぼ》」という言葉がある。ほどよい燗の酒で、刺身を肴に、美人の酌で酒が飲めれば最高、といった意味である。酒飲みにとってこの三つが揃えば申し分のないことになる。刺身は文化年間（一八〇四〜一八）ころには居酒屋のメニューに登場しているので、居酒屋で、刺身を肴に、ほどよい温度の燗酒で一杯飲むことは可能だったが、美人の酌は無理だった。女性を同伴して居酒屋に行くことはあまりなかったようだし、居酒屋は、夫婦で営む店もあったが、一般的には店員は男性ばかりで、酒を運ぶサービスをするのは男性だった（図92）。

○「居酒屋は男世帯で気かつよし」（万句合、明和四年）

という句も作られている。

『皇都《こうと》午睡《ごすい》』（嘉永三年）には「中より下の料理屋・煮売屋・居酒屋・蕎麦屋・芝居茶屋、惣一統に女をつかわず皆荒男の若ひ者が運ぶ事也」とあって、こういった店では女性の店員を置いていなかったようだ。

酒をつける温度に気を遣っていた江戸時代には、ごく熱燗、熱燗、上燗《じょうかん》、ぬる燗といった燗酒のつき具合を表す言葉が生まれている。上燗とは、ほどよくついた燗

図 92　酒や肴のサービスは男性。『浮世酒屋喜言上戸』（天保 7 年）

のことで、江戸の町には、上燗おでん売りがいて町を巡っていた。『守貞謾稿』には「上燗おでん　燗酒と蒟蒻の田楽を売る。江戸は芋の田楽も売るなり。けだし、この賈《こ》（商売）、また大いに異なるの扮《よそほひ》なし。故に略して図せず」とある。『守貞謾稿』は、同じような装いをしているので図を略すとしているが、『黄金水大尽盃』十六編（元治二年・一八六五）にはその姿が描かれている（図93）。

日本酒造組合中央会（東京都港区）は、燗の温度表現とその温度を、飛び切り燗（五五度以上）、熱燗（ほぼ五〇度）、上燗（ほぼ四五度）、ぬる燗（ほぼ四〇度）、人肌燗（ほぼ三五度）、日向《ひなた》燗（ほぼ三三度）に分類し、それぞれの「香りや味わいの特徴」を表にまとめている。

しかし、現在では、電動式あるいはガス式の酒燗器で酒を温め、温めた酒を徳利に注いで出す飲食店も多い。徳利で湯燗するのがあまりみられなくなり、湯燗をしている店でも燗酒の温度に気を遣っていない店も多いようだ。客の方も、吟醸酒や生酒《なまざけ》を冷酒で飲むことが多くなっているせいもあって、燗酒の温度を気にしなくなっている。

図93 「かん酒　おでん」売り。「熱燗を茶碗に注がせて一二杯」とある。『黄金水大尽盃』十六編（元治2年）

## 3．居酒屋の酒飲みスタイル

十返舎一九の『六あみだ詣』三編（文化十年）に描かれた居酒屋の絵をお目にかける。この店も入口近くに魚が吊るされている。店員はすべて男性である。二組の客が酒を飲んでいるが、左側の一組の客は、床几《しょうぎ》（長椅子）に斜めに腰掛け、片足を胡坐《あぐら》のように組んで酒を飲んでいる（図94）。よくみられる酒飲みスタイルで、

○「片た足を仕舞て居酒のんで居る」（万句合、明和元年）

○「居酒屋の見世に呑でる矢大臣《やだいじん》」（柳六四、文化十年）

といった句が詠まれている。その姿が神社の随身門《ずいじんもん》に安置してある矢大臣に似ているため、このようなスタイルで酒を飲んでいる人を矢大臣といった。また、その姿がよく見かけられることから、居酒屋や煮売屋のことを矢大臣ともいうようになった。三馬の『客者評判記《きやくしやひようばんき》』（文化七年）には「矢大臣とは煮売屋をいふ。煮売店にて酒を飲む人は片足をあげて、片足をおろし居る形、神社にある矢大臣に似たるゆゑなづく」とある。

『七癖上戸』の口絵「百飲図」中には、その姿が描かれていて「煮《に》売店《うりみせ》一名《いちみやう》矢《や》大《だい》

図94　居酒屋の店内。右下のお燗番が銅壺で燗をしたチロリを取り出そうとしている。ここでも魚が吊るされている。『六あみだ詣』三編（文化10年）

臣《じん》」とある（図95）。

『金草鞋《かねのわらじ》』十五編（文政五年）には、谷中の居酒屋の絵が描かれている（図96）。ここでも入口のところに魚や鳥が吊るされ、お燗番が銅壺でチロリの燗をしている。三人組の客が衝立《ついたて》で仕切った座敷に坐って、チロリの酒を酌み交わしている。居酒屋ではこのように小上がりの入れ込み座敷で酒を飲んでいる光景がよくみられる。この店では奥の方で刺身づくりが行われている。このころには居酒屋のメニューに刺身が加わっていた。座敷は衝立で仕切られているが、座布団を敷いて座っている様子は

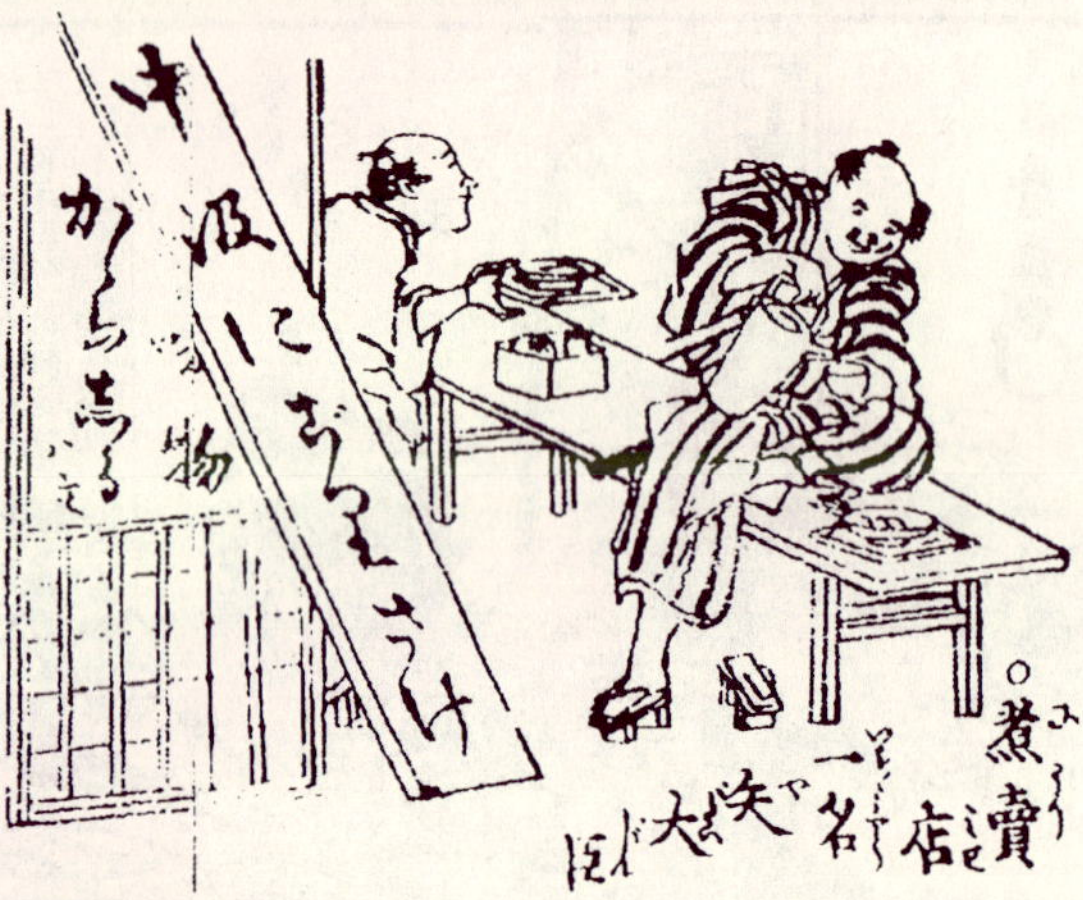


図95　矢大臣スタイルで酒を飲む人。看板に「中汲　にごりさけ」とある。『七癖上戸』（文化7年）

みられない。高級な料理屋でも同じことで、江戸時代には、外食の場で座布団を敷いて飲食することはなかったようだ。

また、角盆の上に料理を盛った器が並べられているが、盆は座敷の上に直接置かれ、テーブルは使用されていない。『六あみだ詣』でも床几の上に盆が置かれている。居酒屋に限らず飲食店では、料理を入れた食器を載せた盆を、じかに座敷や床几の上に置くのが江戸スタイルである。時代劇では、テーブルや食卓を使用して飲食している光景をよくみかけるが、これは決してありえないことである。

図96　居酒屋の店内。大きな銅壺を店の中央に据え、チロリの酒や鍋の料理を温めている。『金草鞋』十五編（文政5年）

居酒屋では立飲みも行われていて、

○「居酒屋は立ツて居るのが馳走なり」（万句合、宝暦十二年）

と、好んで立飲みをする客もいた。『珍説豹の巻』（文政十年）という人情本には、吹雪《ふぶき》の中を歩いていた男が「向《と》ある居酒屋へ立寄りて、四文一合湯豆腐に、辛味沢山《たっぷり》誂《あつら》へて、立飲みの息を継ぎ、僅《わづか》二合半《こなから》の酒に元気を得て」、また雪を踏み分けて歩いていっている。一日の仕事を終え、凍えそうな寒空の中、居酒屋に立ち寄り、一杯飲んで身体を温め、家路につく現代人の姿とも重なる。

## 4. 猪口の普及

居酒屋では杯は使わず猪口で酒を飲んでいた。木製朱漆塗の盃（杯）は中世以降に一般化し、酒宴の席で使われてきたが、江戸時代になると陶磁器製の猪口も使われ出した。『和漢三才図会』（正徳二年・一七一二）の「盞《ちょく》」の項には、「盞は盃の最も小さなもので、俗に猪口《ちょく》という。大小数品あって、今の人は冷飲するのにこれを用い、あえ物や塩辛を盛るのにもよい」とある。猪口は、はじめは冷や酒用として使われたようだが、酒器として広く使われるようになった。

『羽沢随筆《うたくずいひつ》』（文政七年ころ）によると、

「近きころは酒飲猪口と号《ごう》し、和製の磁器流行し、漆塗は盞台に据ゑて出し置くばかりの様なり。されど侯家《こうか》（貴人の邸宅）の宴席には、酒飲猪口は用ひざりしが、この頃は侯家・搢紳《しんしん》（身分のある人）の酒席にても、専ら用ひらる也」

とあり、『守貞謾稿』にも、

「盃も近年は漆盃を用ふこと稀にて、磁器を専用す。京坂も燗徳利はいまだ専用せざれども、磁杯は専ら行はるゝなり。磁盃、三都ともに「ちよく」と云ふ。猪口なり」

とある。

江戸では文政年間(一八一八〜三〇)頃には、漆塗りの盃に代って、瀬戸物(陶磁器)の猪口が流行し、宴席では身分の上下によらず広く使用されるようになっているが、居酒屋ではもっと早くから猪口を使用している。居酒屋が出現して間もないころに描かれた『当風辻談義《いまようつじだんぎ》』(宝暦三年・一七五三)の居酒屋の絵をみると客は猪口で酒を飲んでいるし(後掲、図105、二五七頁)、これまでみてきた居酒屋の絵でも盃は使われていない。居酒屋に盃は不似合いな酒器だった。

また、『守貞謾稿』には、猪口は「ちよく」というとあるが、居酒屋では、文化年間には、猪口を今のように「ちよこ」とも呼んでいる。『七癖上戸』「うるさき宴」(文化七年)の居酒屋では「湯豆腐の皿は猪口《ちよこ》と倶《とも》に」と猪口に「ちよこ」のルビが付されているし、滑稽本の『花の下物語』（文化十年）では「煮売屋」のおやじが「程なく、ちろりにちよこをそへ、なべやきをもつてくる」とでている。

## 5. 猪口の廻し飲み

『六あみだ詣』や『金草鞋』の居酒屋の客は、チロリと猪口で酒を酌み交わしているが、どのグループにも猪口は一つしか描かれていない。『七癖上戸』「うるさき宴」では「だまり上戸」と「ぐち上戸」が酒を飲んでいるが、「ぐち上戸」が一つしかない杯を手に持って「サア主もう一杯呑エ」と「だまり上戸」に酒を勧めている（図97）。

『浮世酒屋喜言上戸』でも、居酒屋に入った三人連れの客が、猪口とチロリが運ばれてくると、先ず一人が猪口で酒を飲み、次の一人に猪口を廻し、二人目がそれで酒を飲んで、もう一人（三人目）に猪口を廻している。三人目が酒を飲むと、酒がぬるくなっていて、もう少し熱くしてくれと店員に燗をつけ直させている。その後、三人は一つの猪口を「ぐるぐる廻しに」して酒を飲んでいる（図98）。

古来、直会《なおらい》といって、神事が終わったあと、神前にささげた神酒《みき》・神饌《しんせん》を下ろし

図 97　猪口の廻し飲み。二人連れの客が一つの猪口を廻し飲みしている。『七癖上戸』（文化 7 年）

ていただく酒宴では、一座の人々の間で、一つの盃を廻し飲んでいた。それが平安時代の貴族の宴会にも受け継がれ、順盃《じゅんぱい》といって、上座から順次に下座へ一つの大盃を廻して酒を飲むことが行われていた。

この酒の飲み方は江戸時代にも継承され、酒宴の席では盃の廻し飲みをしていた。

○「盃がどこらへ来たと料理人」（柳八、安永二年）

料理人が、次に出す料理の都合があるので、盃がどの辺まで廻っているか覗いている。

江戸時代の宴席には盃を洗いす

図98　猪口の廻し飲み。三人連れの客がチロリで酒を注ぎ、一つの猪口を廻し飲みしている。『浮世酒屋喜言上戸』（天保７年）

図99　盃洗。酌をしてもらっている男性の側に盃洗が置かれている。『教草女房形気』初編（弘化3年）

すぐために水を入れた盃洗《はいせん》（杯洗）が置かれていたが、猪口を使用するようになっても廻し飲みが行われていて盃洗が用意されていた。『世のすがた』（天保四年）には「盃洗とて陶器に水を盛り、猪口三ツ四ツうかべて、賓主相互に献酬するを礼のやうに心得たり」とある。山東京山の『教草女房形気《おしえぐさにょうぼうかたぎ》』初編（弘化三年）には、料理茶屋の二階での酒宴の様子が描かれているが、猪口に酒を注いでもらっている人の側には盃洗が置かれている（図99）。

これに対し、居酒屋では、盃や盃洗を使わずに一つの猪口で酒の飲み廻しをしている。今ではちょっと抵抗感のある飲み方ではあるが、一つの猪口を廻し飲みすることによって、会話が弾み、お互いの距離も縮まるし、飲む酒の量をコントロールすることにもなる。各自の猪口で酒を飲んでいる場面もみられるが、猪口を触れ合せて乾杯をすることはなく、お互いに酌をしあって親睦を深めている。乾杯の習慣は、明治時代になって、ビールをグラスに注いで立飲みしたことにはじまったという(『酒の日本文化』)。

## 6. 酒の燗はチロリから燗徳利へ

居酒屋ではチロリで燗して酒を飲ませていたが、居酒屋が生まれる前の煮売茶屋や酒屋でも、チロリで酒を飲ませていたので、それが居酒屋にも踏襲されている。居酒屋では当初からチロリが使われていて、

○「ちろりにて心安きをさかなにて」(武玉川四、宝暦二年)

○「こしらへ喧嘩ちろりが弐つみえず」(柳二一、天明六年)

といった句がみられる。どちらも、居酒屋の様子を詠んだ句と思える。くつろいだ心境でチロリの酒を飲んでいる者もいれば、喧嘩をしたフリをして、どさくさに紛れて、チロリを持ち逃げするやからもいた。

居酒屋では、チロリで燗してそのまま客席に出していた。これに対し、正式な宴席や料理屋では、チロリで燗した酒を銚子に移し替えて出していたが、幕末ころになると変化が生じた。『守貞謾稿』は、

「京坂、今も式正《しきしょう》・略および料理屋・娼家ともに必ず銚子を用ひ、燗陶を用ふるは稀なり。江戸、近年、式正にのみ銚子を用ひ、略には燗徳利を用ふ。燗《あた》めそのまま宴席に出すを専らとす。この陶形、近年の製にて、口を大にし、大徳利口より移しやすきに備ふ。銅鉄器を用ひざる故に味美なり。また移さざる故に冷えず。式正にも、初めの間、銚子を用ひ、一順あるひは三献等の後は専ら徳利を用ふ。常にこれを用ふ故に、銅ちろりの燗酒はなはだ飲みがたし。大名も略にはこれを用ふ」

とし、チロリ、銚子、燗徳利の絵を載せている（図100）。

喜田川守貞は天保八年（一八三七）に筆を起こして嘉永六年（一八五三）に『守貞謾稿』をまとめ上げているので、その頃の様子になる。京坂では、まだ銚子が使われていて、燗徳利の使用は稀だが、江戸では、式正（正式の膳）のとき以外は、

図100　チロリ、銚子、燗徳利の図。チロリには「近世チロリにて湯燗にせしなり」、銚子には「チロリにて燗《あたゝ》めこれに移すなり」とある。『守貞謾稿』

銚子に代り燗徳利が使われるようになっている。式正のときは銚子を用いているが、その場合も盃が一巡あるいは三献のあとには燗徳利が用いられている、といっている。

したがって、江戸では燗徳利が常に宴席に顔を出していることになる。守貞は燗徳利に慣れると銅チロリの燗酒は飲みにくい、といっている。燗徳利と銅チロリで燗した酒を飲み比べてみると、あまり違いがないように思える。燗徳利の方がいくぶんマイルドな味わいになるようだが、飲みにくいとまでは言えない。江戸時代と今とでは製法に違いがあったのであろうか。

燗徳利の名は鶴屋南北の『東海道四谷怪談』（文政八年初演）に「かんどくり」とみられるのが早い例になるが、天保末年（一八四四）には、

○「我知らず振る替り目の燗徳利」（新編柳多留一四、天保十五年）

の句が作られている。燗徳利を振って酒がまだ残っているか確かめている。今でもよく見かける光景である。

今では酒を注文するのに、「お銚子一本」などといって注文しているが、燗酒の容器が銚子から燗徳利へ移行していくなかで、燗徳利を銚子と呼ぶようになった。『春《しゅん》色《しょく》恋廼《こいの》染分《そめわけ》解』二編（万延元年・一八六〇）には「徳利《おてうし》」とあって、徳利に

図101　燗徳利で酒を飲む客。「煮売屋」の二階の風景で、客の女性が「ひとり手酌の茶碗酒」を飲んでいる。『教草女房形気』十編（嘉永4年）

「おてうし」の読み仮名が付されている。

このような時代の流れに応じて、居酒屋にも燗徳利が登場し、『教草女房形気』十編（嘉永四年）に描かれた「煮売屋」では客が燗徳利で酒を飲んでいる（図101）。客の女性が「ひとり手酌の茶碗酒」を飲んでいて、燗徳利の登場により「ひとり手酌」といった言葉も生まれている。

嘉永年間（一八四八〜五四）頃から居酒屋でも燗徳利を使い始めているが、相変わらずチロリを使っている居酒屋も多くみられ、チロリの時代が続いている。居酒屋

図102　居酒屋での燗徳利の普及。お燗場ではチロリではなく燗徳利で燗をしている。『今朝春三ツ組盞』初編（明治5年）

ではチロリで燗してそのまま出していたので、酒が冷めない点では徳利と同じで、味の点を別にすれば、燗徳利に代える必要性が少なかったからではなかろうか。

明治時代に入ると居酒屋でも徳利の使用が一般的になった。『今朝春三ツ組盞』初編（明治五年）の居酒屋では、お燗場で酒の燗をしているが、チロリではなく徳利で燗をしている。亭主は座って酒の燗をしていて、江戸時代の様子とは大分違っている。客も燗徳利で酒を飲んでいる（図102）。

料理屋などの宴席では、文政年間（一八一八〜三〇）頃には今のように徳利と猪口で酒を飲むようになっているが、居酒屋で徳利と猪口で酒を飲むことが一般化したのは明治以降のことになる。といっても、居酒屋からチロリが姿を消したわけではなく、その後も使われ続けている。江戸時代のような蓋付きのチロリではないが、今でもチロリを使っている居酒屋はみかけられる。

時代劇では、居酒屋のシーンにやたらに燗徳利が登場してくるが、時代によって使い分けてもらいたいものである。

# 十五　居酒屋のメニュー

## 1. 吸物と取肴

居酒屋の看板や障子には「御吸物・御取肴」と書いてあるのがよくみられる。『七癖上戸』の居酒屋には、障子に「御吸物・御取肴」と書かれていたし（図89、二一二頁）、『金草鞋』十五編（文政五年）に描かれた店には「御酒肴」「御すいもの御とりさかな」と書いた箱型の看板（行灯看板）が店の前に出ている（図103）。

吸物とは、『広辞苑』に「現在は多くすまし汁にいう」とあるように、今では一般的に、すまし仕立ての汁物を吸物と呼んでいるが、江戸時代には意味合いが違っていた。『守貞謾稿』に、

図103 「御酒肴　御すいもの　御とりさかな」の看板。『金草鞋』十五編（文政5年）

「すいもの、古《いにしへ》は、羹《あつもの》といふなり。今制、吸物二品あり。味噌吸物と澄まし吸物なり。これは飯に合せず。酒の肴にこれを用ふ」

とあるように、江戸時代には、仕立て方に関係なく、酒の肴として供するものを「吸物」、飯のおかずとして添えるものを「汁」と呼んでいた。「一汁三菜」とは飯、汁、三菜（料理三品）の献立構成を表わすことばである。

居酒屋で出す汁物は、酒の肴用だから看板には「吸物」の文字がみられ、ふぐの吸物、ねぎまの吸物、つみ入れの吸物などが出されている。しかし、飯を出している居酒屋も多くあって、看板にから汁、ふぐ汁としている店もよく見受けられる。居酒屋で飯を食べる客も結構いて、「煮売屋」のおやじが「おすい物はふぐ汁のうまいのが御座います」（『花の下物語』文化十年）といったりしていて、居酒屋では、汁と吸物の呼称は混用されている。

取肴とは、本来の意味は皿などに盛って出し、各自が取り分けて食べる酒の肴のことをいったが、ひろく酒の肴の意味に使われるようになった。和歌山の医師による幕末の江戸見聞録『江戸自慢』には、江戸では「取肴を撮物《つまみ》と言」うとある。幕末ころには「つまみ」というようになっている。

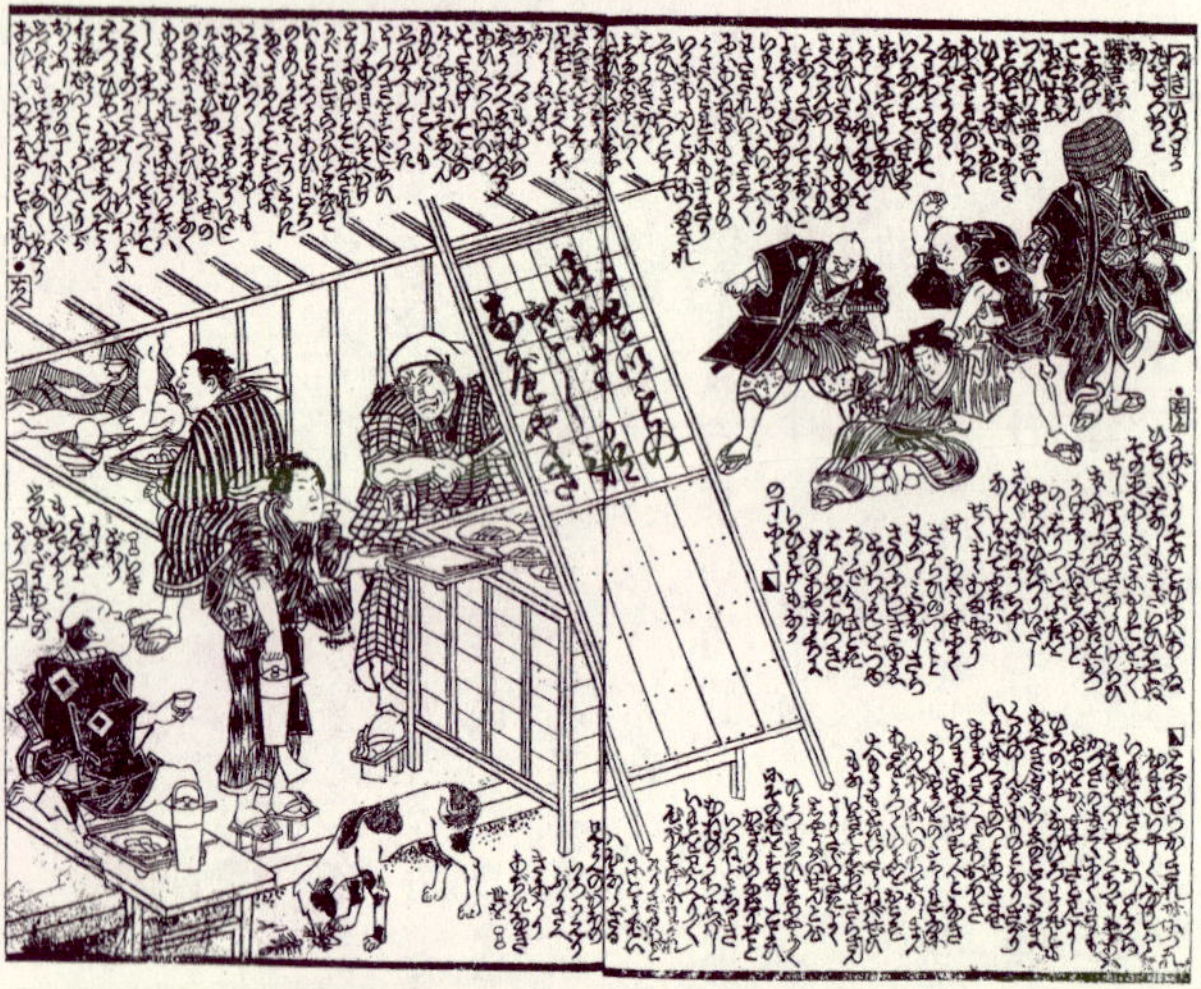

図104　メニューを書いた障子を立てかけた居酒屋。小僧の店員がチロリと肴を運ぼうとしている。左下の床几に腰かけて酒を飲んでいるのは中《ちゅう》間《げん》。『鶏声粟鳴子』（嘉永4年）

取肴の種類を看板に表示している居酒屋もみられる。『鶏声粟鳴子《けいせいあわのなるこ》』（嘉永四年）に描かれた居酒屋では、店の前に「おすいもの　御にさかな　さしみ　なべやき」と書いた腰高障子を立てかけている（図104）。

文化年間になると居酒屋がどんな肴を出していたか、いろいろとわかるようになるが、ふぐの吸物、しょうさいふぐのすっぽん煮、鮟鱇《あんこう》汁、ねぎま（葱鮪）、まぐろの刺身、湯豆腐、から汁、芋の煮ころばし、などがよくみられる。このうち、芋の煮ころばしについてはすでにふれたので、そのほかの主なものについて述べてみる。

## 2. ふぐ汁

### （1）太古の昔から食べていたふぐ

『日本縄文時代食糧総説』によると、縄文遺跡の四十三カ所からふぐの骨が出土しているという。有毒にもかかわらず、日本人は太古からふぐを食べていたが、中毒死もしていたようで、同書には「経験によって中毒しない料理法も解っていたろうが、然し又相当毒に当って死んだ者もあったと思われる」とある。

ふぐ料理についての記載は、十六世紀後半ころの料理書『大草家料理書』からみられるようになるが、そこでは「ふぐ汁料理は差合《さしあはせ》有候故。取捨《とりすて》候也」（フグ汁の調理法はさしさわりがあるので紹介できない）としている。「ふぐ汁料理」を記載しておきながら、調理法は説明できないと矛盾したことをいっているのは、当時の武士は、実際にはふぐを食べていたが、表向きにはふぐを食べることをはばかっていたからと思える。

三浦浄心の『慶長見聞集』（慶長十九年・一六一四）の「鰒（ふぐ）の肉に毒有る事」には、武士を含めいろいろな階層の人々が、ふぐ汁を食べて中毒死した例が紹介されていて、江戸初期にはふぐが食べられていたことがわかる。しだいに、危険を恐れながらもふぐ汁を賞味する人が増えていき、仮名草子の『可笑記《かしょうき》』（寛永十九年・一六四二）には、「ふくとう汁」をほめたたえて食べた人が、たちまち瀉《くだ》したり、吐いたりして死にそうになったが、樟脳《しょうのう》の粉を湯にといて飲んだところ一命を取りとめた話が出ている。

ふぐは「ふくとう」「ふくと」などとも呼ばれた。芭蕉もふぐ汁を食べ、

○「あら何ともなやきのふは過《すぎ》てふくと汁《じる》」（桃青三百韻、延宝六年・一六七八）

（昨日はフグを食って案じていたが、昨日の日が過ぎて今日となっても何とい

うこともない）

と、安堵の胸をなでおろしている。芭蕉がふぐ汁を食べたころには、棒手振（振売）がふぐを売り歩くようになり、

○「ふぐ売や人の命を棒にふる」（江戸弁慶、延宝八年）

と、その商売を非難するような句が詠まれている。

## （2）煮売屋のメニューにふぐ汁

ふぐを賞味する人々が増え、天竺浪人こと平賀源内は、

「惣じてむかしは、人間も質朴《しつぼく》にありし故、毒といふものは喰はぬ事と心得《こころえ》、河豚《ふぐ》を恐るる事蛇蝎《じやかつ》（だかつ。へびとさそり）のごとくなりしが、次第に人の心放蕩《ほうとう》になりゆき、毒と知ってこれを食す。人に君たる方（お上《かみ》では）、これを憂ひ給いて、河豚を喰ふて死したる者は、その家断絶《だんぜつ》とまで律《りつ》（きまり）をたて」

たが、その効果はなく、今や、

「ふぐや、ふぐや大道を売り歩行き、煮売店にも公《おほやけ》に出し置く事、上をかろんずるの甚《はなは》だしき」

と嘆いている（『根南志具佐《ねなしぐさ》』宝暦十三年）。

今やふぐは煮売店にも出されている、とあるように、この頃には、煮売店でふぐ汁を出していた。宝暦三年（一七五三）の『当風辻談義』には、ふぐ汁を商う店が描かれている。浅草観音境内の歳の市（十二月十七日、十八日に開催）に出ている床《とこ》店《みせ》で、障子に「ふぐの吸物」と書かれ、看板には「上々もろはく」とある（図105）。ふぐ汁を商う店があったことがわかるが、『風俗八色談《ふうぞくはつしきだん》』（宝暦六年）には「八文あれば一盃《いっぱい》のみ。十六文でぶつかけ蕎麦《そば》。河豚《ふぐ》の吸物鰯《すいものいわし》の饅《ぬた》」と出ていて、安い値段で食《く》べられたようだ。

『彙軌本紀《いきほんぎ》』（天明四年）という洒落本には、日本橋の魚市場の賑い振りが記されているが、そこには「買上る河豚《てっぽう》」が「販食屋《にうりや》の鄽《みせ》」へ運ばれていく様子を伝えている。ふぐ汁は煮売屋の定番メニューになっていき、『忠臣蔵前世幕無』（寛政六年）の「煮売屋」には「御酒　御すいもの　ふぐ汁　どしやう汁」と書かれた看板がみられる（図106）。

図 105 「ふぐの吸物」の店。障子に「ふぐの吸物」と書かれ、左下の看板には「上々もろはく」とある。『当風辻談義』（宝暦 3 年）

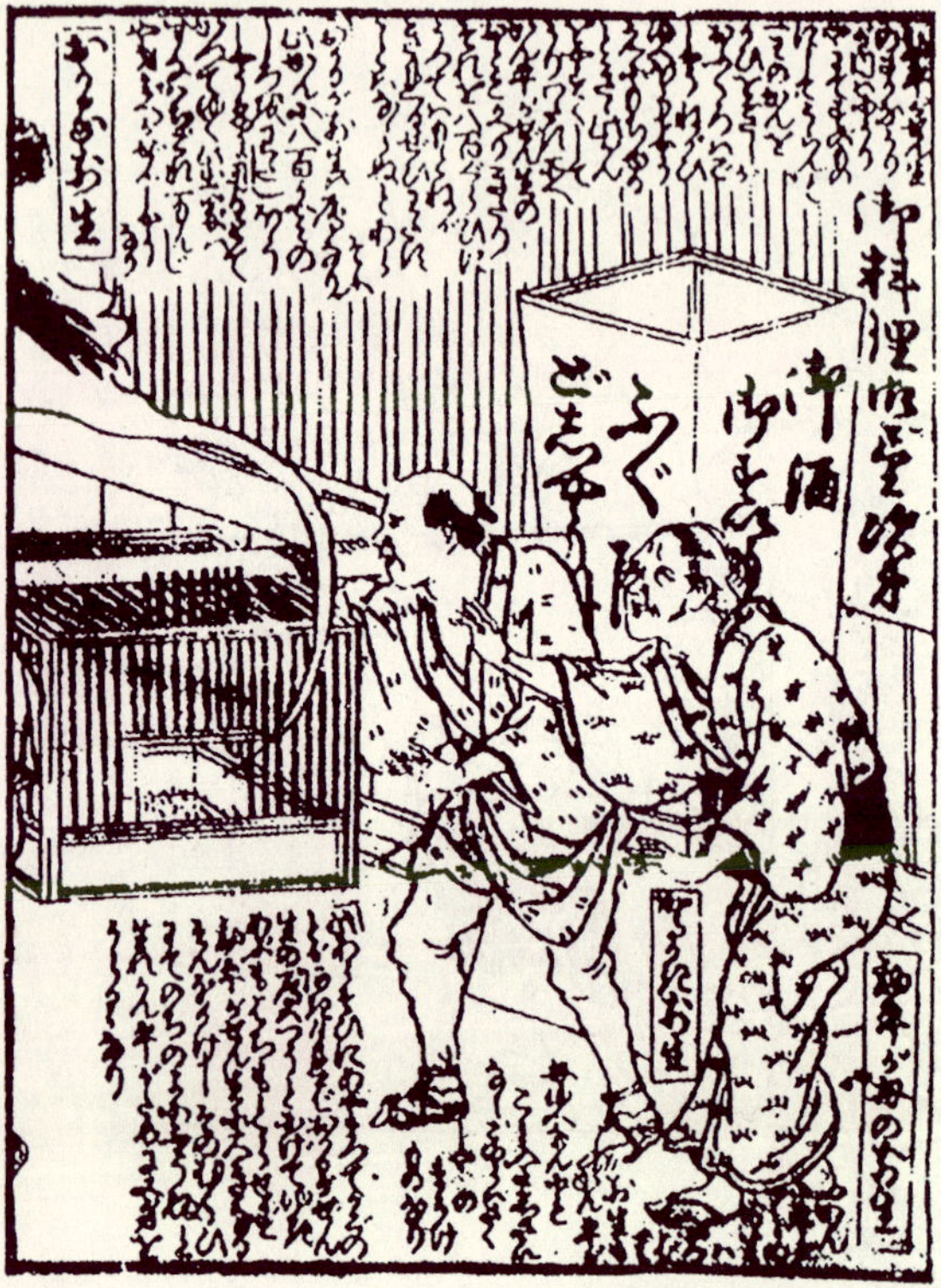


図 106　「ふぐ汁」と看板に書いた居酒屋。『忠臣蔵前世幕無』（寛政6年）

ふぐ汁は特に寒い時の酒の肴として好まれた。『愛敬鶏子《あいきようたまご》』（文化十一年）では、居酒屋に入ってきた客が「なんぞ暖《あつたま》るやふなものが望《のぞみ》だ」といったのに対し、店の者が「葱鮪《ねぎま》に、鴨《かも》の吸物《すいもの》、豚魚汁《てつぽふじる》でござります」と応じている。

○「居酒屋の大手鉄炮ならべとく」（柳一〇二、文政十一年）

大手は城の表門のことで、居酒屋の入口にふぐが吊るされている。

ふぐは鉄砲の異名をとっていた。そのいわれは、『物類称呼』（安永四年）に、ふぐは「江戸にて異名をてつほう（鉄砲）と云。其故はあたると急《たちまち》死すと云意也」とあるように、当たればたちまち死ぬところからきている。

○「鉄砲と名にこそ立れふぐと汁」（たから船、元禄十六年）

とあり、ふぐを鉄砲と称することは元禄時代には始まっている。

## 3. ふぐのすっぽん煮

すっぽん煮とは、『江戸料理事典』によると「本来はすっぽんが材料で、油で炒めてから醤油、砂糖、酒で濃い味に煮て生姜汁を加えた煮物であるが、他の材料を用いても同様に煮た煮物をすっぽん煮またはすっぽんもどきという」とある。

『皇都午睡』は「上方のころ煎を、江戸では煮ころばしといい、魚が材料のときは泥亀《すっぽん》煮」という、としているので、居酒屋で出すすっぽん煮は、右の調理法によって、魚類を汁がなくなるまで煮詰めた料理を言ったようだ。

居酒屋では、ショウサイフグのすっぽん煮がよく出されている。『七癖上戸』「うるさき宴」では、客に肴は何があるかと尋ねられて、店員が「せうせい（しょうさい）のすっぽん煮」があると答えているし、煮売酒屋から「しほさいの鼈煮《すっぽんに》」が出前されたりしている（『四十八癖』）。

日本でとれるふぐは二十種を超えるといわれているが、主に食用にされるのはトラフグ、マフグ、ショウサイフグ、サバフグなどで、ショウサイフグは本州、四国、九州の沿岸に分布している。

『本草綱目啓蒙』（享和三年・一八〇三）には「ショウサイフグ」は「形小ニシテ毒ナシ。海辺ノ人釣獲テ、斜ニ腹ヲ切リ去テ食フ」とある。ショウサイフグは江戸湾でもとれた小型のふぐで、江戸湾でとれる「海魚類」を載せた『武江産物志』（文政七年）には「河豚魚　品川ふぐ・志ほさいふぐあり」とでている。今でも東京湾でとれているが、江戸時代には今より馴染のある食材だった。『本草綱目啓蒙』は「毒ナシ」としているが、無毒ではなく、『原色魚類大図鑑』によると「肝臓、卵巣は猛毒。皮、腸は強毒。肉は弱毒。精巣は無毒」とある。ショウサイフグはふぐ汁にも使われていたものと思える。

○「鉄炮をすっぽん煮には打てつけ」（柳九二、文政十年）

ふぐが鉄砲といわれたことと鉄砲の音を連想させた句で、ふぐにはすっぽん煮が適した料理だといっている。

## 4. 鮟鱇汁

### （1）高級魚だった鮟鱇

『古今料理集』（一六七〇～七四頃）には「あんかう　上魚賞翫也」と、あんこうは高級な魚で高貴な人にも供しうるものだとしている。『大和本草』（宝永六年・一七〇九）には、鮟鱇は「坂東ニ多シ。尤《もつとも》珍賞ス。西州ニハマレナリ。臛《あつもの》トシテ食フ。味甚《はなはだ》スグレタリ。上品トス。冬ハ味ヨク、春ハ味ヲトル事、『寧波府志』ニ云ガゴトシ」とある。鮟鱇は上品な魚として、主に東国で賞味されている。

『風俗文選』（宝永三年・一七〇六）には「鮟鱇《アンカウ》、河豚魚《フグトウ》といふ魚あり。形《カタチ》も大きに生まれつきて、あくまで肉《ニク》を食はれながら、汁を吸はるゝを、手柄にいはれけるこ

図 107　鮟鱇の吊るし切り。『貞徳狂歌集』（天和 2 年）

そ、大きなる損なれ」とある。鮟鱇もふぐも肉が賞味されているのに「鮟鱇汁」「ふぐ汁」などと「汁」の名で呼ばれるのは割に合わない話だ、といっている。鮟鱇やふぐの代表的な食べ方は汁だったことがわかる。

鮟鱇は筋肉がブヨブヨで、これを解体するには、

○「りやうり人つるして置てふわけする」(万句合、安永八年)

吊るし切りにして、肝・内臓・肉などを腑分《ふわ》けした。その様子は『貞徳狂歌集』(天和二年・一六八二)をはじめ諸書に描かれている(図107)。『本朝食鑑』はその技法を詳細に解説した上で、

「近世、上饌に供するが、冬月初めて獲れたものを貢献する。公厨(将軍家の台所)でもまたこの味を賞しているので、価《ね》も貴《たか》い。春になれば価も賤《やす》くなり、衆人にも賞味できるものとなるのである」

とあって、値も高く、季節外れにならないと庶民の手には届かなかった。

(2) 居酒屋のメニューに鮟鱇

高級魚だった鮟鱇がしだいに大衆魚になり、居酒屋のメニューにも登場してくる。安永四年（一七七五）に書かれた『放蕩虚誕伝《ほうとうちょちょらでん》』は、世の中が大きく変化している様子を記し、その現象の一つとして「貴人の河豚汁、居酒屋の鮟鱇」を挙げている。このころには、身分の高い人でもふぐ汁を食べ、居酒屋で鮟鱇を出す時代になっていることを告げている。

文化年間には、鮟鱇が居酒屋の定番メニューになっていたようで、一九の『落咄見世びらき』（文化三年）では、居酒屋の亭主が客に「あんかうのおすいもの」があることを告げているし、三馬の『七癖上戸』「うるさき宴」（文化七年）には、「煮売屋」で行う「鮟鱇のつるし切りは、気味が悪く、桀紂《けっちゅう》（桀《けつ》と紂《ちゅう》。ともに中国古代の暴君）の料理のようだ」と、煮売屋で鮟鱇の吊るし切りが行われている様子を、中国の暴君の所業に譬えている。

〇「鮟鱇の鰓《あご》を吊るすは恥でなし」（柳五四、文化八年）

〇「鮟鱇も呑みたさうなる居酒見世」（柳八六、文政八年）

〇「居酒屋は腮《あご》を釣すを見へにする」（柳一六〇、天保九～十一年）

居酒屋では店先に鮟鱇を吊るし、それを売り物にしている。

後でみていただく『大川仁政録《おおかわじんせいろく》』初輯（安政元年）に描かれた居酒屋では、店の出窓の所に鮟鱇を吊るしている（図112、二七六頁）。

## 5. ねぎま（葱鮪）

### （1）下魚とみなされていたまぐろ

『古今料理集』（一六七〇〜七四頃）は「まぐろ　下魚也　賞翫に用いず」、鮪は下品な魚で貴人のご馳走には使えないとしている。時代が下ってもその傾向は続き、『彙軌本紀《いきほんぎ》』（天明四年）には日本橋魚市の「鯛は諸侯《しょこう》に奉《ほう》じ、まぐろは下賤《げす》の食《くい》もの」になるとある。高貴な人の食べる魚の代表に鯛、下々の食べる魚の代表にまぐろが挙げられている。同じ魚でも鯛とまぐろは、月とすっぽんほどに価値の違いがあった。現在のまぐろの高値を考えると隔世の感がある。

○「うれしやな　しゅびよく売つたまぐろ売」（和歌みどり、享保八年）

享保年間（一七一六〜三六）にはまぐろ売りが町中を売り歩いていた。まぐろの値段は安く、小川顕道の『塵塚談《ちりづかだん》』（文化十一年）によると、享保十九年におけるまぐろの値段は「二百廿四文　大まぐろ片身　骨付頭とも」とある。これは、顕道の祖父の遺した「小遣帳」に記載されていた値段で、そこには、享保十九年の一分は

図108　まぐろ売り。鉈でぶった切ろうとしている。「まぐろ土手場《どてば》むね打《うち》をしてねぎり」とある。『柳樽』七篇（弘化３年）

「銭一貫二百六十文」替えで、享保十六年の米価は一分で「白米三斗九升」であったことも記載されている。現在の米価に換算して計算してみると、大まぐろの片身が五〇〇〇円位で買えたことになる。

『江府《こうふ》風俗志《ふうぞくし》』（寛政四年）に「延享の初め頃（一七四四年頃）は、さつまいも、かぼちゃ、まぐろは甚《はなはだ》下品にて、町人も表店住の者は食することを恥る躰《てい》也」とあるように、まぐろは裏店住いの人々の食べ物で、まぐろ売りが長屋の路地を売り歩いていた。

まぐろの扱い方は大雑把で、

○「まくろうり安イものさとなたを出し」（万句合、明和八年）

まぐろを鉈でぶった切って売っていた（図108）。そして、ぶった切ったどて（土手。大きな切身）は、

○「どつちても御取りなさいとまぐろうり」（万

句合、天明元年）

と組板の上に並べて売っていた（図109）。

○「まぐろ売おろすと犬が寄て来」（川傍柳四、天明二年）

どてを並べておくと、犬が嗅ぎつけて寄ってきたりしている。

まぐろは『俚言集覧』（寛政九年頃）によると「江戸近国にては、相模・伊豆・安房・上総・下総の海にて捕りて、江戸にてひさぐ（売る）」とあるように、こうい

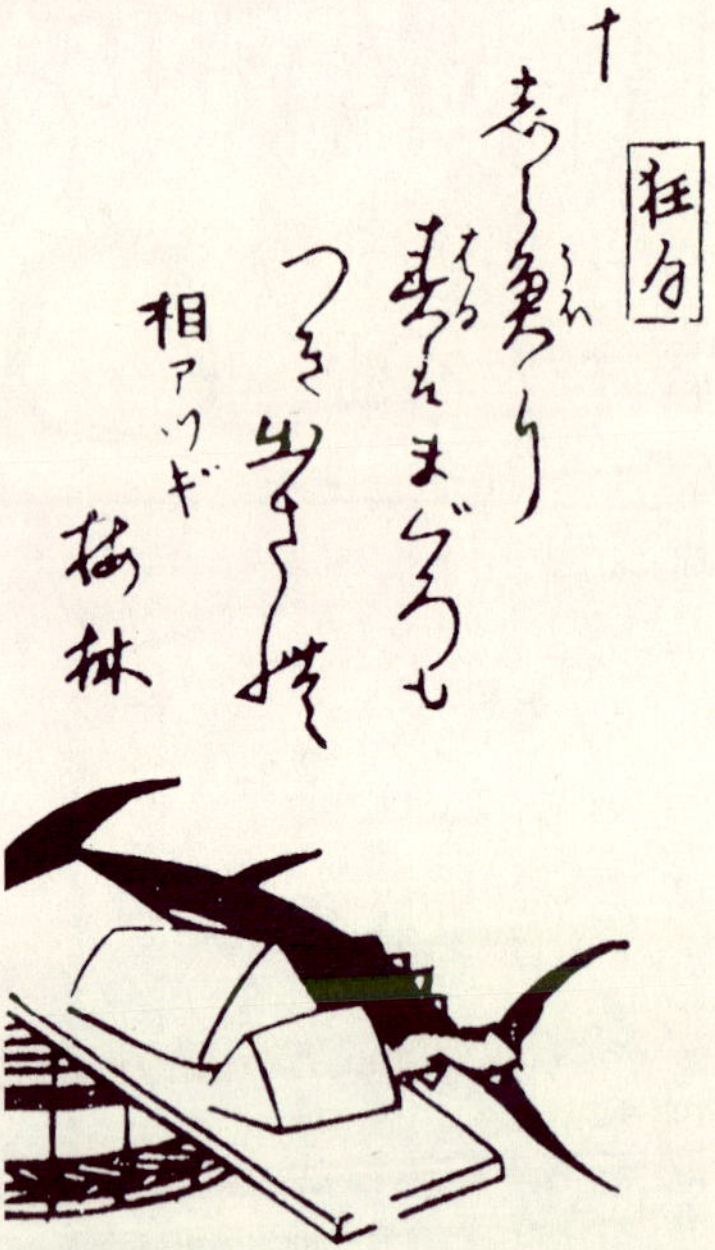

図109　まぐろ売り。ぶった切ったどて（土手）を並べて売っている。「しら魚《うほ》に春《はる》はまぐろもつき出され」とある。『たねふくべ』八集（弘化２年）

った国々の海から江戸に運ばれていた。したがって、鮮度が落ちていたりして、
○「まくろうり生きて居るとはいゝにくひ」（万句合、明和二年）
ものもあったので、売る方は大変で、
○「まくろうりきつはし（切っ端）なとを喰て見せ」（万句合、明和元年）
切れ端などを食べてみせて、腐っていないことを身を以て示したりしている。
○「塩まくろねぎりたらいて内義出る」（万句合、明和六年）
○「塩まぐろ取廻ているかゝアたち」（川傍柳一、安永九年）
塩まぐろも売られていて、長屋では、値切り倒してからかみさんが家から出てきたり、かみさん連中がまぐろを取巻いたりしている。

こうして買ったまぐろは、
○「になさるかやきなはるかとまぐろうり」（万句合、明和四年）
○「塩まくろやけばありたけねこが寄り」（万句合、安永七年）
○「猫のまん中に焼てる塩まぐろ」（川傍柳一、安永九年）
焼くか煮るかして食べることが多かった。

## (2) ねぎまの名が現われる

「葱に鮪、昆布に油揚」(『大千世界楽屋探《だいせんせかいがくやさがし》』文化十四年)といわれているように、葱とまぐろは相性が良いと考えられていた。江戸庶民は安い値段で手に入るまぐろを、煮物で食べるときは葱と煮て食べていた。

○「こちとらはねぎにまぐろのゐびす構(講)」(万句合、宝暦九年)

えびす講は、十月二十日に商家が商売繁盛を祝って行うえびす神の祭りで、親類知人を招いて祝宴を開くが、そのご馳走がまぐろと葱を煮た料理というわけで、質素なえびす講を表わしている。

○「此どてはいくらだとねぎ下げて居る」(万句合、天明二年)

天明二年(一七八二)の句で、ねぎを携えた男が、まぐろのどてを買おうとして値段を聞いている。まぐろのどてを買って帰って、これから葱と一緒に煮て食べようというわけだ。

やがて、まぐろを葱と煮て食べる料理は「ねぎま」(葱鮪)と呼ばれるようになった。その早い例は、山東京伝の黄表紙『花東頼朝公御入《はなのおえどよりともこうおいり》』(寛政元年・一七八九)にみられる。そこに登場する人物の一人が「おいらはやっぱり、ぞくにねぎまであつかん(熱燗)がてん(点)だ」(葱鮪を肴に熱燗で一杯やるが最高)、といっている。このころには「ねぎま」の名が通用していたことがわかる。

### （3）居酒屋のメニューにねぎま

ねぎまは居酒屋のメニューにも登場してきた。寛政十一年に刊行された『侠太《きやんたい》平記向鉢巻《へいきむこうはちまき》』には、勢ぞろいした軍勢に「にうりやしだし（煮売屋仕出し）のゆとうふ（湯豆腐）・ねぎま・ばん付ふだ（番付札）の付《つい》たちろり」が届けられた場面が描かれている。大きな丸盆の上に、大平椀（蓋付きの大きな平たい椀）がみえているが、これがねぎまのようだ（図110）。

この頃には、居酒屋でねぎまを出していたようだが、さらにねぎまが居酒屋の定番料理になるきっかけになったのが文化七年（一八一〇）のまぐろの大漁だった。

この年、まぐろが大漁にとれた様子はいくつかの文献にみられるが、文化・文政期（一八〇四～三〇）の街談巷説《がいだんこうせつ》を集めた石塚豊芥子の『街談文々集要《がいだんぶんぶんしゆうよう》』（万延元年・一八六〇。書名の「文々」は文化・文政の意）の「鮪大漁為山」（鮪が大漁で山をなす）には、その様子が詳しく載っている。そこには「文化七庚午十二月月初めより、鮪夥しくとれ、往古より覚えざる大漁なり。日々千・弐千本と入船す」とした上で、まぐろが安値で売られている様子が記されているが、さらに大田南畝（蜀山

『侠太平記向鉢巻』(寛政11年)

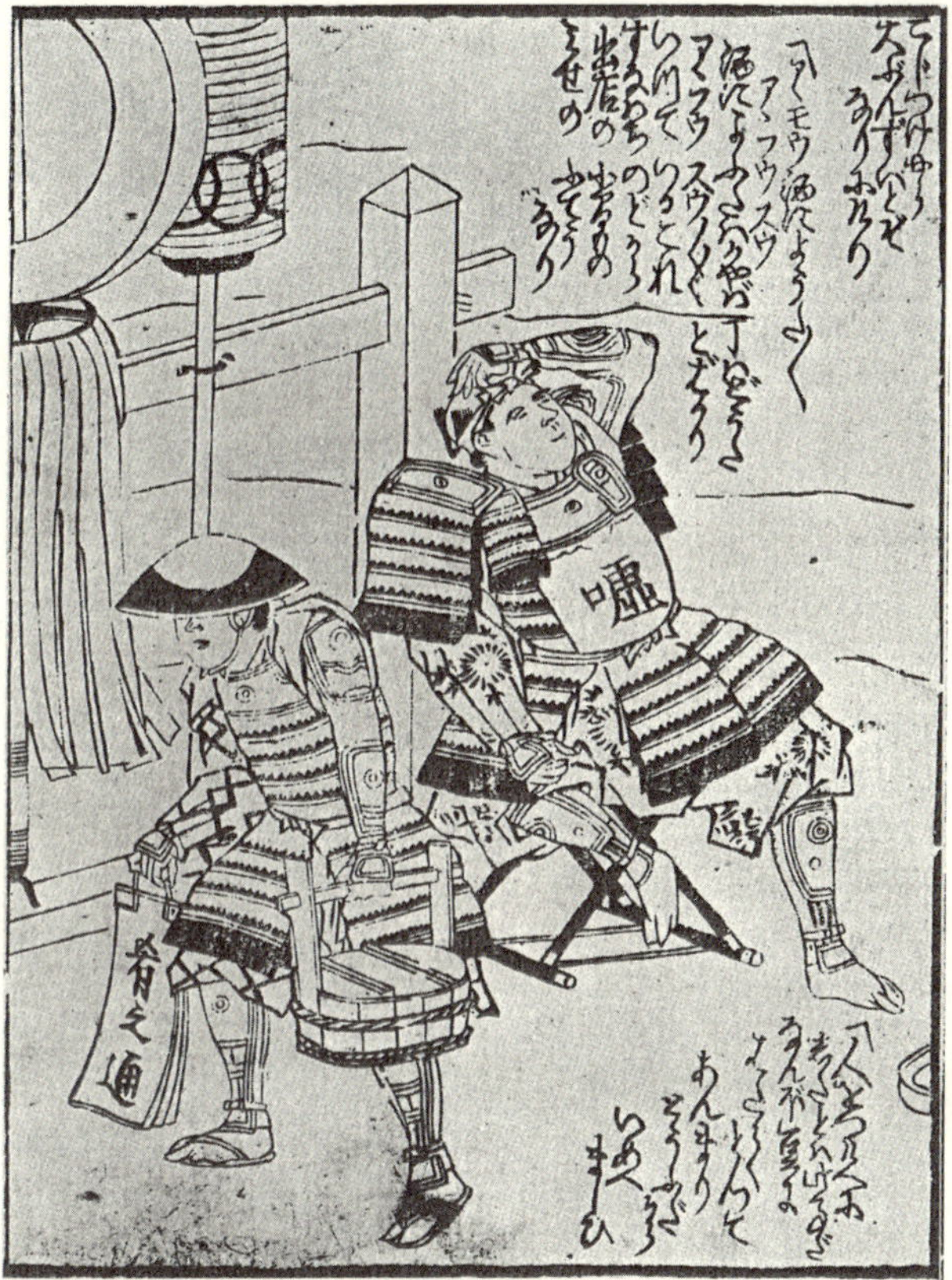

図110　ねぎま椀。手前の丸盆に載った黒色の大平椀がねぎまのようだ。

人）の次の一文を載せている。やや長文になるが、当時の状況がよく分かるので全文を掲げて置く。

「師走の初めよりまぐろ多くとれて、本船町新場（日本橋魚河岸）へ、日々何千本といふ数しれず。一本代八百文、一貫文位にて、甚《はなは》だ下直《げじき》（安価）なり。常には四貫文位の魚なり。本船町え一日に四万本来りし事あり。所々辻に立売り　夥《おびただ》敷《しく》、近頃はやりのなんでも三十八文に准《なぞら》へて、いく切れもならべ置き、よりどり三十八文といふ札を出して売りたり。居酒屋にても四文の豆腐より下直にあたれば、この頃豆腐を食ふものなし。世の中一めんまぐろにて、いかなる家にも正月遣ひにせんとて（正月用にしようと）、塩につけ置て囲《かこ》わぬ所なし。かゝる事、これまでおぼえざると、八十の翁もかたりき。蜀山人」

十二月の初めからまぐろの大漁が続き、一日に四万本ものまぐろが魚河岸に運ばれてくることもあった。まぐろのブロックがよりどり一切れ三十八文で売られ、居酒屋では、まぐろを四文の豆腐より安い値段で食べさせたため、豆腐を食べる者がいなくなり、家庭でも塩まぐろにして正月用に貯えている、とある。居酒屋で豆腐

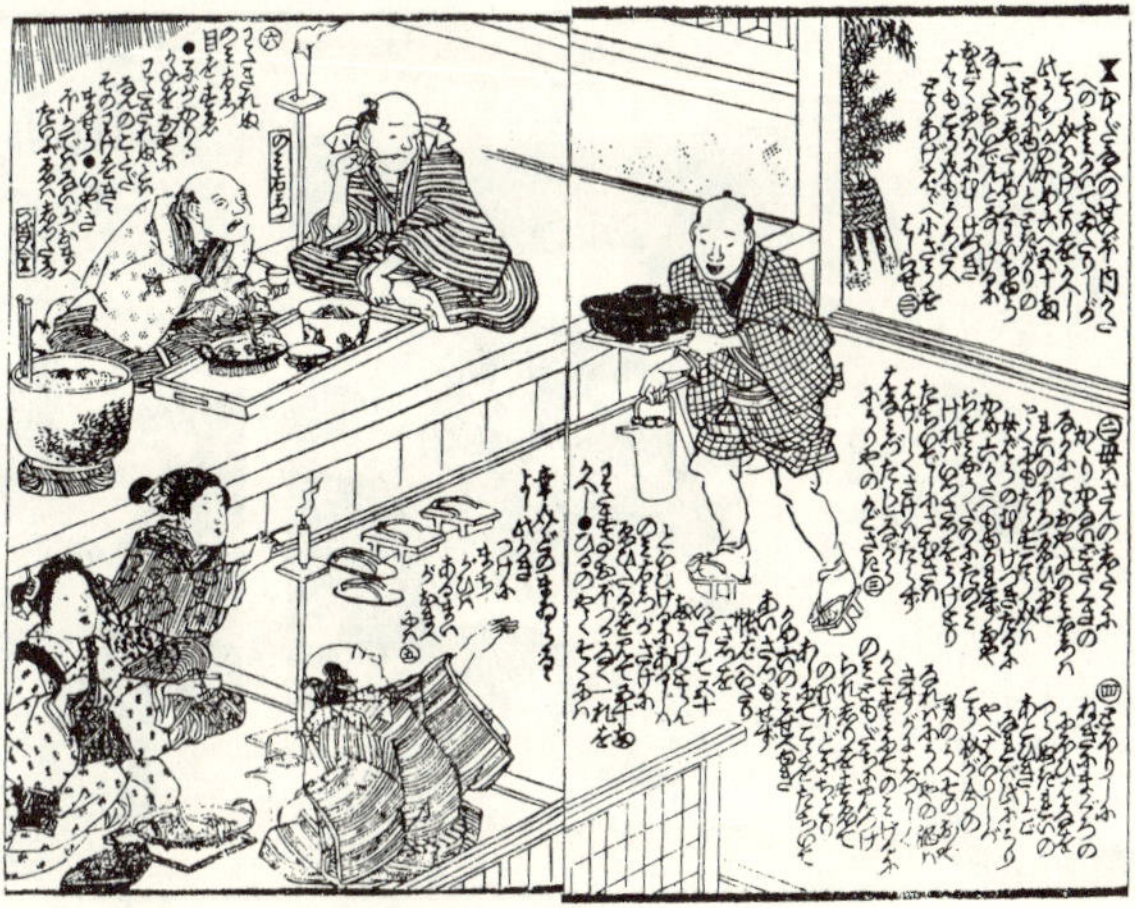

図 111　二組の客が食べているのがねぎま鍋。『大晦日曙草紙』六編（天保12年）

を食べる者がいなくなったかは別にして、この豊漁で居酒屋では安いまぐろ料理が人気を集めている。どんな料理が出されているかは、記されていないが、ねぎまが出されていたに違いない。

　居酒屋ではねぎまを大平椀に盛って出していたが、ねぎま鍋としても出すようになった。『浮世酒屋喜言上戸』（天保七年・一八三六）の「升売居酒屋」では、客が「葱《ねぎ》までも出してくんねいな」と注文し、店員が「ハイハイ鍋一チよ（いっちょう）」と注文を受け、ねぎま鍋が客席に運ばれている。『大晦日曙草紙《おおみそかあけぼのぞうし》』六編（天保十二

図112　障子に「まぐろ鍋」と書いた「居酒屋」。二人連れの客の前にねぎま鍋が置かれている。『大川仁政録』初輯（安政元年）

年）には「煮売屋」の店内が描かれているが、この場面は、登場人物が「葱にまぐろの匂ひ」に惹かれて「煮売屋」に入っていっているので、二組の客が食べている鍋料理はねぎま鍋と断定できる（図111）。

ねぎま鍋が居酒屋の人気メニューになり、ねぎま鍋を売り物にする居酒屋も現われてきた。『大川《おおかわ》仁政録《じんせいろく》』初輯（安政元年）には、障子に「まぐろ鍋」と書いた「居酒屋」が描かれ、二人連れの客がねぎま鍋を食べている。この店の左側の出窓には鮟鱇が吊るされている（図112）。

しかし、ねぎま鍋を出す居酒屋はあったが、煮ながら食べている様子はみられない。居酒屋ではねぎま鍋を煮ながら食べることは行われていなかったようだ。

## 6. まぐろの刺身

### (1) 江戸で好まれたまぐろの刺身

まぐろは主に煮るか焼くかして食べていたが、刺身で食べることも好まれていく。まぐろを刺身で食べることは、『料理物語』（寛永二十年・一六四三）が「さしみ」の料理法を紹介し、『当流節用料理大全』（正徳四年・一七一四）には「目黒《めくろ》　是はさし身也」とあるので、早くからまぐろを刺身としても食べていたようだ。「目黒」はまぐろの小さいものをいった。

さらに、『料理網目調味抄』（享保十五年・一七三〇）には、「鮪《めしか》　江府にてかつほの出る前さしみに用」いるとしているので、江戸では、まぐろを焼いたり煮たりして食べていたころ、刺身としても食べていたことがわかる。「めじか」も目黒と同じくまぐろの小さいものをいったが、ここではまぐろ全体を指しているものと思える。

江戸では、しだいにまぐろの刺身が好まれるようになり、「塩まぐろを止《やめ》て、すき身（刺身）が売れる」ようになっていった（『宝暦現来集』天保二年）。

江戸でまぐろの刺身が好まれたのは、「江戸の近国」でしばしば大量にまぐろが獲れたことにもよるが、鰹との関係も考えられる。江戸っ子は大金を払ってでも競って初がつおを買い求めて刺身にして食べていた。そのかつおとまぐろの刺身だけを扱う「刺身屋」が江戸には多数出現している。『守貞謾稿』巻之五（生業上）は「今世、江戸にありて京坂にこれなき生業」を紹介しているが、その一つに「刺身屋」があって、「刺身屋　鰹およびまぐろの刺身を専らとし、この一種を生業とする者諸所に多し。銭五十文、百文ばかりを売る。粗製なれども、料理屋より下直なる故に行はる」としている。まぐろはかつおと同じ赤身の魚で、刺身の味はかつおに似ている。かつおの刺身を好んだ食文化がまぐろに及んでいるようだ。

また、江戸でまぐろの刺身が好まれたのには、江戸前の鮮度の良い魚が入手できたこととも関係がある。十返舎一九は「伊丹・池田の下り酒に、江戸前の生きたるを肴にして」、一杯飲むことの素晴らしさを記しているし（『雑司ヶ谷記行』文政四年）、「肴は刺身、酌は髱《たぼ》（美しい女性）」ということばもある。

図113 「京坂作り身」と「江戸差身」。「夏は血水底に溜る故に、江戸にては、葭簀《よしず》或は硝子簾《がらすすだれ》を敷て其上に魥《さしみ》を盛る」とある。『守貞謾稿』

江戸では鯛よりまぐろの刺身が好まれていて、『守貞謾稿』の「刺身」の項には、まぐろは、京坂では「下卑の食として、中以上および饗応にはこれを用ひず。また更に鮪、作りみ（刺身）にせず」だが、「江戸は大礼のときは鯛を用ひ、平日これを用ふるを稀とす。平日は鮪《まぐろ》を専らとす」（後集巻之一〈食類〉）とある（図113）。

ちなみに、現在も、京都や大阪より、東京の方がまぐろを好んで食べている。総務省の『家計調査年報』「家計収支編」（平成二十四年）によると、一世帯当たり（二人以上の世帯）の年間「まぐろ」購入金額は、全国平均が五一一三円、東京都区部が八〇六八円、京都市が三〇二五円、大阪市が四三五四円となっている。東京の購入金額は、京都・大阪よりかなり多い。江戸市民のまぐろ好きは今の東京に受け継がれている。

## (2) 居酒屋のメニューにまぐろの刺身

江戸でまぐろの刺身が好まれたことをうけて、居酒屋でもまぐろの刺身を出すようになった。まぐろの大漁があった文化七年には、居酒屋でまぐろの刺身を出していたものと思えるが、それが確認できるのはもう少し後のことになる。十返舎一九の『堀之内詣《ほりのうちもうで》』(文化十一年・一八一四)には「まぐろのさしみ」を置いている「居酒屋」が出ている。これが早い例で、先に紹介した『四十八癖』三編(文化十四年)では、「煮売酒屋」から「まぐろのさし身」が出前されている。

居酒屋で出された刺身では、まぐろが最初のようだ。

天保三年(一八三二)にも夥しくまぐろが捕れた。『南総里見八犬伝』の作者滝沢馬琴はその様子を『兎園小説余禄《とえんしょうせつよろく》』(天保三年)に次のように記している。

「天保三年壬辰《じんしん》の春二月上旬より三月に至て、目黒魚(原注に「鮪の類なり」とある)最も下直《げじき》(安価)也。いづれも中まぐろにて、二尺五、六寸或は三尺許《ばかり》のもの、小田原河岸の相場、一尾二百文なりなど聞えしが、後には裁売《たち》も片身百文、ちひさきは八十文に売りたり。巷路巷路にまぐろたち売をなすもの多くあり。わづかに廿四文許《ばかり》費《つひや》せば、両三人、飯のあはせ物にして、なほあまりあり。かくまで、まぐろの多く捉られたる事はおぼえず」

まぐろが未曾有の豊漁となり、二尺五、六寸から三尺位（七六センチから九一センチ位）のまぐろが小田原河岸（日本橋魚河岸）で一本二〇〇文、片身は八〇〜一〇〇文で売られている。諸所にマグロの裁ち売り（切り売り）をする者がいて、二四文ほど出せば、二、三人分の飯のおかずにしても食べ切れないほど買える、といっている。当時の盛り蕎麦が一杯一六文であるから、盛り蕎麦一杯半の値段で一家が一度に食べ切れないほどのマグロが買えたことになる。

まぐろは安価な食材として居酒屋の定番メニューになっていき、まぐろの刺身の盛り合わせも出されるようになっている。『浮世酒屋喜言上戸』「升売居酒屋」（天保七年）では「まぐろと平目《ひらめ》の腹合せ《はらあハ》のさし身」が客席に運ばれている（図114）。「腹合せ」は、「作り合せ」ともいい、『守貞謾稿』には「鯛・平目は肉白くまぐろの属は赤肉なり。この赤白二種を並べ盛るを作り合せと云ふ」とある。

図 114　客席に出された「腹合せ」の刺身。『浮世酒屋喜言上戸』

ここでは、年の差のある男女が酒を酌み交わしているが、実際にはあまりみかけられない光景である。『浮世酒屋喜言上戸』は、凡例に「此編は只居酒屋のはん昌を賞美《しやうび》なして、万客一席一席の雑談《ぞうだん》をしるせば、その始めもなく、その終りもなく」と記しているように、居酒屋で酒を酌み交わすさまざまな客を登場させ、それぞれの人間模様を写しだしている。このころには居酒屋を舞台にした本も出版されるようになっている。

## 7. 湯豆腐

### (1) 居酒屋のメニューに湯豆腐

湯豆腐は、湯やっこともいい、安く食べられる酒の肴で、特に寒い日には身体を温める肴として好まれた。

安永三年(一七七四)に刊行された『稚獅子《おさなじし》』「さんげさんげ」では、寒中の北風の激しいときに、「両国の川」で千垢離《せんごり》(川垢離)をとっていたグループが、早々に引きあげて近所の「酒屋」に避難し、熱燗に湯豆腐や蒟蒻の田楽で体を温めている。千垢離とは、神仏に祈願するため、川水にひたって身を清めることをいい、大山参りや重病人の平癒祈願のために、千垢離をする垢離場《こりば》が両国橋東詰の川下にあった。湯豆腐を肴に熱燗を飲めば、冷え切った体がすぐに温まったに違いない。『春帒《はるぶくろ》』（安永六年）という小咄本の「蒟蒻の云分」には蒟蒻と湯豆腐のこんな問答が載っている。

「こんにやくの所へ、ゆとふふ（湯豆腐）がきました。（こんにゃく）コレハ御出。貴様は此節《このせつ》、居酒屋でいそがしかろう。（湯豆腐）イヤモ　そのやうでも御ざらぬ。御手前などは、夜もかんざけ・かんざけ（燗酒）のごしやうばい（御商売）にて御くらう（苦労）」

蒟蒻が湯豆腐に対し、「この頃は居酒屋でいそがしかろう」といったのに対して、湯豆腐が蒟蒻に対し、「御手前などは、夜も燗酒・燗酒の御商売にてご苦労」といっている。この頃には、おでん燗酒売りが、夜間に蒟蒻のおでんと燗酒を売り歩き、居酒屋では湯豆腐が売れ筋になっていることを物語っている。

豆腐は物価の優等生だった。それは、豆腐屋の企業努力もあったが、絶えずその売値が奉行所に監視されていたことにもよる。奉行所は物価の高騰に絶えず目を光らせていて、物価が高騰すると諸物価引下げ令を出して諸物価の値上がりを抑制している。なかでも庶民生活に大きな影響を及ぼす豆腐は、値上げ規制の重点品目になっていた。

宝永三年(一七〇六)五月のことになる。数年来米価が値上がりしつづけ、それにつれて諸物価も高騰していた。幸いに米価はだんだんと下落し、豆腐の原料の大豆は、二年前には金一両で八斗五升しか買えなかったのが、この年には一石二斗も買えるようになっていた。ところが豆腐の値段は二年前と変わらなかった。そこで奉行所は町中の豆腐屋に値下げを命じた。豆腐屋たちは苦塩《にがり》・油糟《あぶらかす》などが高価なことを理由に値下げに応じられない旨を申し出たが、認められなかった。やむなく数十人の豆腐屋は値下げをすることに応じたが、七人の豆腐屋は値下げに応じなかった。怒った町奉行は、不届《ふとどき》だとして、値下げに応じなかった豆腐屋に営業停止の処分を申し渡している(『御触書寛保集成』二〇七六)。この一件があって以来、奉行所は豆腐の値段に目を光らせていて、豆腐が値上がりすると「豆腐値段引下令」が出されたりしている。

したがって、豆腐屋は豆腐の値段を自由に値上げ出来ず、また、豆腐屋の人数も多く、享和三年(一八〇三)には一〇〇〇人を超えていた(『諸問屋再興調』三)。豆腐の値段は比較的安定していて、居酒屋は豆腐をメニューに組み入れやすかったことになる。

『四十八癖』三編（文化十四年）に出ていた長屋の女房は、昼時が近づくと「製《こせ》へるも否《いや》だから角の居酒屋へ平《ひら》（平椀）を持往《もって》つて、湯豆腐を八文ですまさう。紅葉《もみぢ》おろしをかけたもまんざらでもねへ」と横着を決め込んでいる。居酒屋では、湯豆腐は八文で売られていて、テイクアウトも出来た。前述した『街談文々集要』には「居酒屋にても四文の豆腐」とあったので、四文で食べられる湯豆腐もあったようだ。

## （2）湯豆腐の食べ方

湯豆腐の食べ方としては、書名の通り豆腐料理百種の料理法を記した『豆腐百珍』（天明二年・一七八二）に、

「湯《ゆ》やつこ　八九分（約二・四〜二・七センチ）の大骰《おほさい》（大きなさいころ型）に切か、又は拍子木《ひやうしき》豆腐とて五七分（約一・五〜二・一センチ）の方《かく》・長《なが》さ壱寸二三分（約三・六〜三・九センチ）の大きさに切をき、葛湯《くづゆ》を至極《しごく》ゆだまの立つほど沸《にえ》

たゝし、豆腐を壱人分入《まゑ》れ、蓋《ふた》をせず、見《み》ていて少《すこし》うごきいでゝ、まさにうきあがらんとするところをすくいあげもる也」

とある。また、『真佐喜のかつら』には、自分の好む湯豆腐の食べ方として、

「豆腐を能きほどに切り、鉢へ入れ置き、小鍋に湯を玉たつ程に滾《たぎ》らし、食する程づゝ入れ、蓋はせず、見て居て豆腐のすこし動き浮あがらんとする時、網杓子をもつてすくふ」

と記している。

湯豆腐は、加熱しすぎると、すが立って、口当たりがぼそぼそし、味が損なわれる。両者を比べると、湯煮するのに葛湯と普通の湯との違いはあるが、豆腐が浮き上がろうとするところをすくいあげて食べる食べ方は共通している。湯豆腐を美味しく食べるポイントが示されている。

湯豆腐の豆腐の形は一般的には四角で、

○「湯豆腐はしきし（色紙）田楽はたんざく（短冊）」（柳二九、寛政十二年）

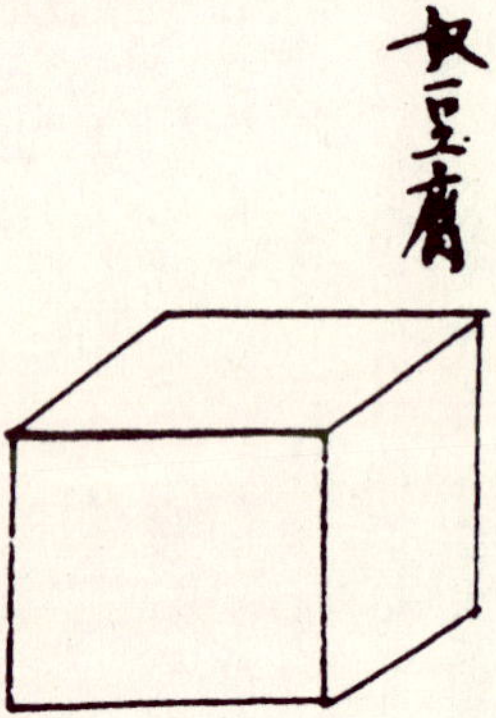

図115　「奴豆腐」。『守貞謾稿』

といった句が作られている。色紙形とは、正方形に近い長方形をいった。『守貞謾稿』には「奴豆腐」の形が図示され、「茹《うで》て食すを湯奴と云ひ、冷のまま食すをひや奴と云ふ」とある（図115）。

小鍋で湯煮するとき、

○「湯どうふの上へちろりの腰を懸」（武玉川九、宝暦六年）

○「湯豆腐とちろりは一つ鍋の中」（柳五八、文化八年）

チロリも一緒に湯燗し、酒が冷めないようにして、湯豆腐を食べることも行われている。食べるときには、

○「湯豆腐の耳をくすぐる銅杓子」（柳一五五、天保九〜十一年）

○「湯豆腐は浪うちぎわですくひ上げ」（柳八九、文政九年）

『真佐喜のかつら』にあるように、網杓子ですくって食べている。

つけ汁と薬味については、『豆腐百珍』には、「生《き》醤油を沸《にた》し、花がつほをうちこみ、湯を少《すこ》しばかりさし、又一ぺん沸《にた》し、絹《きぬ》ごしにして別猪口《べっちょく》に入れ、葱白《しろね》のざく

ざく・おろし蘿蔔《だいこん》・辣茄《とうがらし》の末《こ》入る」とあり、『真佐喜のかつら』には、「したじは生醤油を煮立《にたた》し、花がつほを打込、湯を少しさし、又一遍煮立、やくみは浅草海苔第一、その余は好により時によるべし」とある。

つけ汁を醤油と花がつおで作るのは共通しているが、薬味は多様で、刻み葱、大根おろし、粉唐辛子、浅草海苔などが使われている。『四十八癖』の長屋の女房は「紅葉《もみぢ》おろしをかけたもまんざらでもねへ」といっていて、薬味はお好みでということになる。

薬味に浅草海苔や唐辛子が使われていることは、

○「ゆどふふに海苔さらさらと押しもんで」(柳五八、文化八年)

○「湯豆腐へなし地にかける唐がらし」(柳一五五、天保九〜十一年)

とある。二句目は白い湯豆腐に赤い粉唐辛子をちりばめた模様を梨子地《なしじ》(蒔絵の一種)にみたてている。

ただ、居酒屋では、ねぎまと同様に、湯豆腐を湯煮しながら食べている様子はみられず、湯煮した豆腐がそのまま客席に運ばれている。また、つけ汁や薬味について記されたものが見当たらないが、こういったつけ汁や薬味で食べていたものと思える。

## 8. から汁

から汁の「から」は、豆腐殻《とうふから》（豆乳の絞り糟）の「から」で、から汁とはおからを入れた味噌汁をいい、きらず汁（雪花菜汁）、卯の花汁ともよばれている。きらずは、料理をするのに切る必要がないことから、卯の花は、色が白くて卯の花（空木《うつぎ》の花）に似ていることからきている。『屠竜工随筆《とりょうこうずいひつ》』（安永七年・一七七八）には、

「きらずは豆腐の糟《かす》にて、きらずに調菜すれば、左は呼ならひて、いと風流なる名なるに、いつしか、からのおつけなどと云かへたるは、却て賤《いや》しからずや」

「きらず」という風流な名があるのに「からのおつけ」（から汁）などと下品な言い方をしている、とある。

○「庖丁もいらず其ままきらず汁」（柳七三、文政四年）

といった句も作られている。

から汁は、「十二」の2で述べたように、二日酔いに効能があるといわれていた

ので、遊里の近くには朝帰りの客を当て込んでから汁の店が軒を並べていた。
○「から汁は是岡場所の袖の梅」（柳一三一、天保五年）袖の梅は吉原の遊里で愛用されている酔い覚ましの薬。岡場所ではから汁が袖の梅の代りをしている。

　朝帰りに限らず、から汁で酒を飲むことはよく行われていて、『東海道中膝栗毛』三編下（享和四年）では、北八（喜多八）が「（浅草の）馬道のさかやで、むきみのぬたとから汁でのんだ時の銭は、みんなおいらがはらっておいた」と弥次にいっている。北さんは弥次さんと剝き身のぬたとから汁を肴にして居酒屋で一杯やっている。また、『妓娼精子《きしようせいし》』（文政年間）には「講釈場を出で、これよりみな様ごぞんじ、夜明かしの酒屋へはいり、から汁に四文こなから（二合半）としやれる」とある。から汁はからだを温めるので「夜明かし」の店にはおいてあった。おからの値段は安く、『五色の糸屑』（寛政十一年）には「味噌こしへ二文がからを買」とあり、先にも紹介した幕末頃の江戸見聞録『江戸自慢』には「豆腐からは至て賤《やす》く、若山（和歌山）の三玉位ほどを弐銭にて売なり」とある。「三玉位」とはどの位の量か不明だが、やはり二文で売っている。居酒屋ではから汁を安い値段で飲めた。

# 十六　苦難を乗り越えてきた居酒屋

## 1．ゆすり・押売りに悩まされた居酒屋

これまで、居酒屋の繁盛ぶりを述べてきたが、居酒屋商売は決して楽な商売ではなく、常にゆすりや押売りなどに悩まされていた。特に新規開店が狙われたようで、教訓小説の『教訓差出口《きょうくんさしでぐち》』（宝暦十二年）には、その状況が次のように語られている。

「新見世の居《い》酒《さか》屋は、彼等《かれら》（無頼の徒）が為に望姓《もとで》を失なひ、また、その上にも、軽薄《けいはく》（へつらい）せねば、落花狼藉《らくくわらうぜき》、踏《ふみ》つぶさる、悲《かな》しさに、追従《ついしやう》（おべっかをつかうこと）も、せねばならず。されば、市《し》中《ちう》に住《すん》で、世渡りする者の中に、居《い》酒《さか》屋・うどんやの類の喰《くひ》物商売《しやうばい》ほど、苦《くるし》きものはなし。や、もすれば、辛《から》き目にあ

ひ、損《そん》した上に、誤《あやまつ》て（謝って）、御機嫌《きげん》取る事、度《たび》々あり」

居酒屋が誕生してそれほど経っていないころの様子になる。居酒屋は早くから、無頼《ぶらい》の徒（やくざ）の被害に遭っていて、

○「居酒やを止めた子細はかわ羽おり（革羽織）」（万句合、宝暦十二年）

という句も作られている。革羽織はなめし革で仕立てた羽織で、火消夫や鳶の者が着用していたが、やくざのたぐいも着るようになった。無頼の徒が原因で廃業に追い込まれた居酒屋もあった。

押売りもやってきた。江戸で多かったのが、火消屋敷に雇われていた臥煙《がえん》による銭緡《ぜにさし》の押売り（緡売《さしうり》）だった。銭緡とは、銭の孔にさし通して一束にする藁製の細い紐で、まとまった銭は使用に便利なように緡に通して授受され、百文緡、三百文緡、一貫文（千文）緡などが通用していた。

『守貞謾稿』は「銭緡売り」について、

「銭差売り　京坂は諸司代（所司代）邸・城代邸等の中間《ちゆうげん》の内職。江戸は火消役邸中間《ちゆうげん》の内職にてこれを製して市民に売る。大略十緡を一把とし、十把を一束と

図116　「銭緡売」。『守貞謾稿』

す。一束価おほよそ百文を与ふ。京坂は一把以上を売る。一把六文ばかりを与ふ。けだし三都ともに大小に応じ、あるひは生業に拠りて、多少を強ひ売る。開店の家等特に強ひ売る」（図116）

と記している。

江戸には、消防を担当する定火消といわれる幕府直属の火消隊が、町火消とは別に、置かれていた。定火消役には、一〇人の旗本が任命され（十人火消）、一〇カ所の火消屋敷で、その任に当たっていた。

臥煙は、十人火消（定火消）屋敷に抱えられていた火消人足で、屋敷内の臥煙部屋とよばれる大部屋に起居し、からだに刺青《いれずみ》を施し、無頼の徒が少なくなかった。彼らは、内職として銭緡を作り、それを一束一〇〇文という高価な値段で売りつけたので、市民は難儀をしていた。

○「ちりめんのふんどし見せてさしをうり」（万句合、明和四年）

○「店中へ二三把なげて腰をかけ」（柳七、安永元年）

店先に腰をかけ、銭緡の押売りしている。彼らは、店の規模や業種によって押売りの量を決めていたようだが、ゆすり同様に押売りし、特に新規開店時が狙われている。刺青をみせられ、店先ですごまれては買わないわけにはいかず、

○「新酒屋《しんざかや》さしで二階をおつぷさぎ」（万句合、明和元年）

○「いらぬさし買つて酒屋はしづか也」（万句合、明和五年）

事を荒立てないために、銭緡を言われるままに買って、二階に緡の山を築く酒屋もあった。

町奉行は、このような押売りを取り締まってはいるが、その効果はあまりみられなかった。文化十四年（一八一七）には奉行所の三廻同心《さんまわりどうしん》（隠密・定廻り・臨時廻り）は、連名で町名主に対し、次のような通達を出している。

「武家方中間が、町方において、新規開店の節は勿論、平日でも銭指を押売りし、あるいは法外な行為や、ねだりがましい振舞をしているので、見聞次第召捕るよう命じられている。このようなことがあったら、町役人どもは、油断なく留め置

いて当方へ知らせるように。新規開店に先立ち、指売《さしうり》たちがやってきて、あれこれねだりがましいことをいって言掛りをつけているようなので、新規開店の知らせを受けたら前もって知らせるように」(『類集撰要』十五)

不法な脅しには決して屈しないように、新規開店の情報を得たら知らせるように、と同心一同が町名主に通達しているが、その後も、

○「さし売は只一筋のねだり言」(柳七五、文政三年)

相変わらずねだりごとをいっていて、銭緡売りの種は尽きなかった。

## 2. 江戸の踏み倒し、飲み逃げ

また、居酒屋は掛け倒れや無銭飲食、飲み逃げの被害にも遭った。居酒屋は現金商売であったが、つけにする客も結構あったようで「かけだをれのいざこざ商売の煮売酒や」(『大通一騎夜行』安永九年)といわれたりしている。先に紹介した『近世職人尽絵詞』(図84、二〇一頁)に描かれた居酒屋では、奥の床几《しょうぎ》に片膝を立て、左腕の刺青を見せた男が、「価のなければこそあす(明日)と

はいふなれ。うけひかずば、心のままにせよ」(金がないから明日にしてくれと頼んでいるんだ。聞き入れないならどうにでもしてくれ）といってすごんでいる。その男の肩に手をかけた店員は「さのみあらけなく、なのたまひそ」（そんな乱暴なことをおっしゃらずとも）と押しとどめている。

川柳にも次のような句が詠まれている。

○「居酒やはちつとたらぬにうんざりし」（万句合、明暦三年）

（勘定の足らない客にうんざりしている。またかといった感じだ）

○「居酒屋はもぢもぢするが気ざになり」（万句合、明暦五年）

（呑みながらもじもじと落ち着かない客。いつ逃げられるかわからないので監視をしている）

○「銭かなか先きへぬかせと居酒見世」（万句合、安永元年）

（先に言ったら飲ませてもらえないのでは）

○「銭のあるふりで居酒をのんで居る」（万句合、安永五年）

（無銭飲食するつもりか。つけにしておけばいいと腹を決めて呑んでいるのか）

○「酒屋から引きずり出すとそりやと逃げ」(万句合、明暦六年)

(喧嘩をして暴れているので、外に引きずり出すと、一斉に逃げ出す)

居酒屋では、無銭飲食や飲み逃げが日常茶飯事だったことを物語っている。

しかし、客とのトラブルはあったが、居酒屋には現金商売というメリットもあった。

江戸時代の商取引では、商品を掛け売りして晦日払いとか、盆暮の節季払いが多い。特に大晦日は一年中の総勘定日で、掛取りが大勢押しかけている。

○「餅はつく是からうそをつく斗《ばかり》」(万句合、宝暦十三年)

正月用の餅は搗《つ》いた。これからは大晦日の掛取りに嘘をつくばかりだが、

○「つねてい(常体)のうそでは行かぬ大三十日《おおみそか》」(万句合、宝暦十三年)

ありきたりの嘘では掛取りを撃退できなかったが、つけを払えない人も多くいた。

## 3. 居酒屋の新規参入規制

江戸の町には煮売茶屋をはじめ食べ物商売が増えていった。寛政年間(一七八九

〜一八〇二）頃には「一町内には煮売・喰物見世商売店十軒も二十軒も殖え、繁華の場所は喰もの商売のかた（店）多くあるなり」（『三省録』天保元年）という状況であった。

こういった現象を、奉行所は奢りの心からくる無益の費《つい》えをなすものとみなし、飲食店の数を規制する方針を打ち出した。そこで、文化元年（一八〇四）に町年寄に対して、

「食物商いをする者が前々より非常に増えている。これは貴賤ともに奢りの心から無益の費《つい》えを顧みないからである。この度江戸の食物商いをする者を調べた所、六千百六十軒余もあった。そこでこの軒数を詳細に帳面に記載し、これ以上の商いを止《とど》めさせ、五か年の内に減った分は減り切りにさせ、来る午年（文化七年）に軒数を調査して報告するように。今後は、勝手に食物商売を止めた時は減り切りにすること。親子兄弟・養子だけに家業の相続を認めること」（『徳川禁令考』前集第五）

といった申渡しをした。

これは、食物商売の新規開店を認めず、家業譲渡に制限を設け、六一六〇軒ある「食類商売人」の数を五年間で六〇〇〇軒以内に減らすことを目論んだものだった。

しかし、この申渡しの二年後の文化三年に、江戸の町は死者二〇〇〇人にも及ぶ大火（江戸三大大火の一つ）に見舞われ、被災者のなかには、当座のしのぎに食べ物商売をはじめる者が現われた。奉行所は、名主たちがこれを止《とど》めないのは不束《ふつつか》であるとしながらも、生活に困っている者を急に商売替えさせては難儀するであろうと考え、取締りの手を弛めていた。その結果、申渡しから五年が経過した文化七年に、町年寄が「食類商売人」の数を調査したところ七七六三軒に増えてしまっていた（『類集撰要』四四）。

こうした状況に対し、奉行所はさらに文化八年から五年間延年させて目標達成を図ることにし、その初年に当たる文化八年に、町年寄から奉行所に「食類商売人」数を調査した現状報告書が提出された。

このとき提出された報告書には、「食類商売人」が業種別に記されていて、総数七六〇三軒となっている。その内、「煮売居酒屋」の数が一番多くて一八〇八軒を数えているが、これについては「序」の2ですでに触れた。

その後「食類商売人」の減少策は、文化八年から五年経っても目標が達成できず、五年ごとに期間を繰り返し延長して実施されている。その結果、天保六年（一八三五）に至り、大火（文政十二年）や天保の大飢饉の影響もあって、五七五七軒に減り、目標が達成された。そして天保七年に町年寄は、奉行所の意向をうけて、年番名主に対し、

（1）この数字を元高とし、これ以上「食物商人」の数を増やさないこと

（2）新規の「食物商人」の開業と他業種から食物商売への商売替えを認めないこと

といった申渡しをしている（『天保撰要類集』諸商売之部）。

当然、居酒屋への新規参入も認められなかったことになる。

## 4. 規制を乗り越えた居酒屋

文化元年（一八〇四）以来、江戸の食べ物商売は、奉行所や町年寄などの監視下に置かれ、その数が六〇〇〇軒を超えないように、新規参入や家業譲渡が規制されてきた。しかし、そうした状況にあっても、居酒屋が受けたダメージは比較的少なかったものと思える。奉行所の取締りの対象は、「菓子類・料理等無益の手数を相

掛け、結構に致し候ものども」に主眼が向けられていて、庶民相手の食類商売人には寛大であったからである（『天保撰要類集』御触・町触之部）。

もともと奉行所による食類商売人数の調査対象は表店《おもてだな》のみで、裏店《うらたな》（横町）や床見世《とこみせ》（四七頁参照）で営業している食類商売人は除外されていたし、天保十二年（一八四一）に臨時廻《りんじまわり》同心は、

「食類商売人は、親子兄弟の外は家業を譲渡させず、減り切りにさせているが、その日稼ぎのものたちが生業に就きやすいのは食物渡世で、異議を申し立て、訴え出るものも時々ある。大都会の江戸なので、右の商売に限らず、どんな商売でも差し障りがなく、広く商売させれば、軽き者（下々の者）は特に生計を立てやすくなり、有難く思うに違いない」


とする上申書を奉行に提出したりしている（『市中取締類集』一）。庶民を対象にするような食類商売人には規制緩和をすべきだとする考えが示されている。

したがって、居酒屋への規制はそれほど厳しくなく、また、規制対象外の裏店や床見世で営業する居酒屋も結構あったものと思える。

嘉永六年（一八五三）版の『細撰記』「矢太神屋弥太」には、町名を付した二六軒の居酒屋が載っているが、その所在地は江戸の広い範囲に亘っている。また、これを裏付ける話として、『花暦八笑人』五編（嘉永二年）には、江戸の町を歩くと居酒屋が随所に存在していたことがわかる一文が載っている。ここに登場する人物が、両国をはじめ各地で酒を飲みながら川崎大師に参詣した様子を次のように語っている。

「持めへのゑて（酒の事）は、両国の四方《よも》で紅葉《もみぢ》おろしで一《いち》よ（一合よ）。親父橋《おやぢばし》がいもで又一《いち》よ。京橋まで辛抱して角《かど》でさし身にから汁だけ二《ふた》ツよ。大門《だいもん》で蕎麦で一《いち》よ。高輪であなごは少し奢《おごり》だと思つたから、浜の葭簀《よしず》ばりでどじやう汁で一《いち》よ。観音前に蝦蛄《しやこ》が見えたから、又つい一《いち》よ。羽根田へまはつて蛤《はま》でまた一《いち》よ。飯も喰はずに大師《だいし》へ参詣つた時分《じぶん》はもう七つ半（午後五時頃）」

最初に寄った「両国の四方《よも》」は、「江戸五高昇薫」（図46、一二六頁）に「一寸一盃」の店として出ていた米沢町（両国広小路の近く）の「四方」である。この「四方」で紅葉おろしを肴に酒を一合飲んだ（立飲みか）のを皮切りに、途中五カ所の店でハシゴ酒をしながら川崎大師に参詣している。

日本橋から出発したとしても、川崎宿までは四里半（約一八キロメートル）もある。両国からハシゴ酒をして歩き、夕方に川崎大師に着くには、早い時間から飲みはじめていたことになる。酒の肴も、紅葉おろし、いも（煮ころばし）、刺身・から汁、蕎麦、どじょう汁、蝦蛄、蛤《はまぐり》と立ち寄った先々で異なったものを食べていて多彩だ。

両国の「四方」や親父橋の「いも」は居酒屋である。また、この話を聞いた仲間の一人が、「今おめへの双《なら》べた一々《いちいち》の所は、いづれも下々《げげ》の者の這入《はい》る所」だといっている。ハシゴ酒をした人物が入った店は、そば屋以外は居酒屋のような店といえる。

物語上のフィクションではあるが、当時至る所に居酒屋があって、早い時間から営業していて、酒の肴をつまみに酒が飲めたことを物語っている。

居酒屋は規制を乗り越えて、江戸庶民の酒場として繁盛していた。

# おわりに

一日の仕事を終えて居酒屋で一息つき、仲間同士で和気あいあいに、あるいは口角泡を飛ばして議論しながら酒を酌み交わし、家路につく人は多い。居酒屋は、気取らないで酒が飲め、酒の肴も豊富で安い。大勢で行けばいろいろな肴を注文し、シェアーして食べることが出来るのも居酒屋の魅力である。

また、ひとりで出かけてカウンターに腰をかけ、しみじみ酒を楽しむこともできる。

○「居酒やにねんごろぶりは立てのみ」（万句合　宝暦十二年）

と詠われているように、江戸時代以来、居酒屋では独り酒も行われてきた。

酒飲みの身としては外で酒を飲むことが多いが、一番多いのはやはり居酒屋だ。今日の居酒屋の盛況ぶりを眺めながら、しばしば思いは江戸時代の居酒屋に馳せた。

江戸の居酒屋について一冊の本にまとめてみたいと考えて史料集めをし、原稿作りをしてきたが、とくにどこから出版しようとは考えていなかった。

そんな時声をかけてくれたのが千葉大学名誉教授の松下幸子先生だった。松下先生とは「食生活史懇話会」という食文化史の研究会で知り合い、これまでいろいろと教えを受けてきた。先生は江戸の料理書研究の第一人者で、現在は、国立劇場や歌舞伎座、浜離宮などで、江戸料理を再現する仕事を手掛けておられる。これまで数々の著書を出版されてきたが、近著には『江戸料理読本』（ちくま学芸文庫）がある。その『江戸料理読本』の編集を担当されたのが、ちくま学芸文庫編集部の藤岡泰介氏で、そのご縁で小生を筑摩書房に紹介していただき、その後も先生からは本書をまとめ上げるにあたってご協力や励ましのことばを賜った。この場を借りて厚く御礼申し上げたい。

そして、本書の出版にあたって、藤岡氏には面倒な挿絵のレイアウトをはじめさまざまな面でご尽力をいただいた。また、筑摩書房校閲部の方々には、細部に亘《わた》って熱心にお力添えをしていただいた。感謝の意を表しておわりのことばとさせていただく。

二〇一四年七月

飯野亮一

# 参考史料・文献一覧

『愛敬鶏子』山傾庵利長　文化十一年（一八一四）
『彙軌本紀』島田金谷　天明四年（一七八四）
『伊勢平氏摂神風』二世桜田治助　文政元年（一八一八）
『一事千金』田螺金魚　安永七年（一七七八）
『一話一言』大田南畝　安永八〜文政三年（一七七九〜一八二〇）
『一騎夜行』志水燕十　安永八年（一七七九）
『一刻価万両回春』山東京伝　寛政一〇年（一七九八）
『当風辻談義』嫌阿　宝暦三年（一七五三）
『宇下人言』松平定信　寛政五年（一七九三）
『浮世酒屋喜言上戸』鼻山人作・歌川豊国画　天保七年（一八三六）
『浮世床』式亭三馬・滝亭鯉丈　文化八〜文政六年（一八一一〜二三）
『浮世風呂』式亭三馬　文化六〜十年（一八〇九〜一三）
『羽沢随筆』岡田助方　文政七年（一八二四）頃
『梅津政景日記』梅津政景　慶長十七〜寛永十年（一六一二〜三三）
『江戸江発足日記帳』酒井伴四郎　万延元年（一八六〇）
『江戸買物独案内』中川五郎左衛門編　文政七年（一八二四）
『江戸鹿子』藤田理兵衛　貞享四年（一六八七）
『江戸看板図譜』林美一　三樹書房　昭和五十二年（一九七七）
『江戸久居計』岳亭春信　文久元年（一八六一）

『江戸時代』大石慎三郎　中公新書　昭和五十三年（一九七八）
『江戸時代のお触れ』藤井譲治　山川出版社　平成二十五年（二〇一三）
「江戸市中の住民構成（文政十一年町方書上）」『三井文庫論叢　四』昭和四十五年（一九七〇）
『江戸自慢』原田某　幕末頃
『江戸職人歌合』石原正明　文化五年（一八〇八）
『江戸食物独案内』五昇亭花長者編　慶応二年（一八六六）
『江戸砂子』菊岡沾凉　享保十七年（一七三二）
『江戸図屏風』絵師不詳　寛永年間（一六二四〜四四）頃
『江戸川柳飲食事典』渡辺信一郎　東京堂出版　平成八年（一九九六）
『江戸川柳辞典』浜田義一郎編　東京堂出版　昭和四十三年（一九六八）
『江戸塵拾』芝蘭室主人　明和四年（一七六七）
『江戸店舗図譜』林美一　三樹書房　昭和五十三年（一九七八）
『江戸の酒』吉田元　朝日新聞社　平成九年（一九九七）
「江戸の町人の人口」『幸田成友著作集　二』幸田成友　中央公論社　昭和四十七年（一九七二）
『江戸繁昌記』寺門静軒　天保三〜七年（一八三二〜三六）
『江戸町触集成』近世史料研究会編　塙書房　平成六年〜十八年（一九九四〜二〇〇六）
『江戸名物鹿子』伍重軒露月　享保十八年（一七三三）
『江戸名物誌』方外道人　天保七年（一八三六）
『江戸名物酒飯手引草』編者不詳　嘉永元年（一八四八）
『江戸橋広小路最寄旧記（春）』旧幕府引継書　元文元年〜寛政三年（一七三六〜一七九一）　国立国会図書館蔵
『江戸名所記』浅井了意　寛文二年（一六六二）

『江戸名所図会』斉藤幸雄作・長谷川雪旦画　天保五〜七年（一八三四〜三六）
『江戸料理事典』松下幸子　柏書房　平成八年（一九九六）
『江戸料理集』著者不詳　延宝二年（一六七四）
『江戸料理読本』松下幸子　ちくま学芸文庫　平成二十四年（二〇一二）
『絵本江戸土産』西村重長　宝暦三年（一七五三）
『絵本柳多留』緑亭川柳　安政五年（一八五八）
『画本柳樽』八島五岳　天保十一〜弘化三年（一八四〇〜四六）
『嚶々筆語』野々口隆正等　天保十三年（一八四二）
『黄金水大尽盃』二世為永春水作・歌川国輝等画　嘉永七〜慶応二年（一八五四〜一八六六）
『大川仁政録』松亭金水作・歌川芳梅等画　安政元〜四年（一八五四〜五七）
『大草家料理書』著者不詳　一六世紀後半頃
『大阪市史』一　大阪市参事会　清文堂出版　大正二年（一九一三）
『大晦日曙草紙』山東京山作・歌川国貞等画　天保十〜安政六年（一八三九〜五九）
『稚獅子』著者不詳　安永三年（一七七四）
『教草女房形気』山東京山・鶴亭秀賀作　二世歌川豊国画　弘化三年〜明治元年（一八四六〜一八六八）
『落咄見世びらき』十返舎一九　文化三年（一八〇六）
『御触書寛保集成』高柳眞三・石井良助編　岩波書店　昭和三十三年（一九五八）
『御触書宝暦集成』高柳眞三・石井良助編　岩波書店　昭和三十三年（一九五八）
『街談文々集要』石塚豊芥子　万延元年（一八六〇）
『書雑春錦手』雀声　天明八年（一七八八）
『角鶏卵』月亭可笑　天明四年（一七八四）
『笠松峠鬼神敵討』松風亭琴調作・歌川国芳画　安政三年（一八五六）

『可笑記』如儡子　寛永十九年（一六四二）
『敵討鶯酒屋』南杣笑楚満人作・歌川豊広画　文化三年（一八〇六）
『復讐両士孝行』十返舎一九作・歌川豊広画　文化三年（一八〇六）
『金曾木』大田南畝　文化六〜七年（一八〇九〜一〇）
『金草鞋』十返舎一九　文化十〜天保五年（一八一三〜三四）
『金儲花盛場』十返舎一九　文政十三年（一八三〇）
『神代余波』斎藤彦麿　弘化四年（一八四七）
『軽口筆彦咄』怪笑軒筆彦　寛政七年（一七九五）
『寛政享和撰要類集』「酒造之部」旧幕府引継書　国立国会図書館蔵
『季刊古川柳』（川柳評万句合索引）川柳雑俳研究会　昭和六十三〜平成五年（一九八八〜一九九三）
『妓娼精子』鶯蛙山人　文政年間（一八一八〜三〇）
『客者評判記』式亭三馬　文化七年（一八一〇）
『俠太平記向鉢巻』式亭三馬　寛政十一年（一七九九）
『嬉遊笑覧』喜多村筠庭　文政十三年（一八三〇）
『旧聞日本橋』長谷川時雨　岩波文庫　昭和五十八年（一九八三）
『教訓差出口』伊藤単朴　宝暦十二年（一七六二）
『享保江戸雑俳集』（『雑俳集成　四』）鈴木勝忠校訂　東洋書院　昭和六十二年（一九八七）
『玉の帳』振鷺亭　寛政年間頃（一七八九〜一八〇一）
『近世奇跡考』山東京伝　文化元年（一八〇四）
『近世職人尽絵詞』鍬形蕙斎　文化二年（一八〇五）
『玉露叢』林鵞峯　延宝二年（一六七四）
『下り酒問屋台帳』（東京市史稿産業篇十八）　宝暦五年（一七五五）

『鶏声粟鳴子』楽亭四馬作・一猛斎芳虎画　嘉永四年（一八五一）
『けいせい色三味線』江島基磧　元禄十四年（一七〇一）
『傾城水滸伝』曲亭馬琴　文政八〜天保六年（一八二五〜三五）
『慶長見聞集』三浦浄心　慶長十九年（一六一四）
『今朝春三ツ組盞』三遊亭円朝作・錦朝楼芳虎画　明治五年（一八七二）
『元禄江戸雑俳集』（『雑俳集成　二』）鈴木勝忠校訂　昭和五十九年（一九八四）
『元禄時代』大石慎三郎　岩波新書　昭和四十五年（一九七〇）
『甲駅雪折笹』酒艶堂一酔　享和三年（一八〇三）
『好色一代女』井原西鶴　貞享三年（一六八六）
『皇都午睡』西沢一鳳　嘉永三年（一八五〇）
『江府風俗志』作者不詳　寛政四年（一七九二）
『高陽闘飲』（『後水鳥記』）大田南畝作・歌川季勝画　文化十二年（一八一五）
『古今料理集』寛文十〜延宝二年（一六七〇〜七四）頃
『滑稽雑談』四時堂基諺　正徳三年（一七一三）
『小幡怪異雨古沼』柳水亭種清編・二世歌川国貞画　安政六年（一八五九）
『再校江戸砂子』丹治恒足軒　明和九年（一七七二）
『細撰記』錦亭綾道　嘉永六年（一八五三）
『さえづり草』加藤雀庵　江戸末期
『咲替蕣日記』墨川亭雪麿作・一雄斎国輝画　嘉永三年（一八五〇）
『酒が語る日本史』和歌森太郎　河出書房新社　昭和四十六年（一九七一）
『酒の日本文化』神崎宣武　角川文庫ソフィア　平成十八年（二〇〇六）
『五月雨草紙』喜多村香城　慶応四年（一八六八）

『三省録』志賀忍　天保十四年（一八四三）
『三人吉三廓初買』河竹黙阿弥　安政七年（一八六〇）
『式亭雑記』式亭三馬　文化七～八年（一八一〇～一一）
『四十八癖』式亭三馬　文化八～文政元年（一八一一～一八）
『七福神大通伝』伊庭可笑　天明二年（一七八二）
「市中取締類集」一（『大日本近世史料』）東京大学史料編纂所編纂　昭和三十四年（一九五九）
『品川楊枝』芝晋交作・勝川春好画　寛政十一年（一七九九）
『酒茶論』著者不詳　室町末期
『串戯しつこなし』十返舎一九　文化三年（一八〇六）
『正宝事録』町名主某編纂　正保五年～宝暦五年（一六四八～一七五五）
「書簡」大田南畝（『大田南畝全集　十九』岩波書店）享和元年（一八〇一）
『初代川柳選句集』千葉治校訂　岩波文庫　昭和五十二年（一九七七）
『諸問屋沿革誌』東京都　平成七年（一九九五）
『諸問屋再興調』三　旧幕府引継書　国立国会図書館蔵
『春色恋廼染分解』朧月亭有人　万延元～明治元年（一八六〇～六八）
『春色淀の曙』松亭金水　十九世紀中頃
『新吾左出放題盲牛』大盤山人偏直　天明元年（一七八一）
『信長公記』太田牛一　慶長三年（一五九八）
『人倫訓蒙図彙』蒔絵絵師源三郎　元禄三年（一六九〇）
『政談』荻生徂来　享保十二年（一七二七）頃
『青楼小鍋立』成三楼手酌酒盛作・子興画　享和二年（一八〇二）
『世諺問答』一条兼良　天文十三年（一五四四）

『世事見聞録』武陽隠士　文化十三年（一八一六）
『摂津名所図会』秋里籬島　寛政八〜十年（一七九六〜一七九八）
『浅草寺日記』（東京市史稿産業篇四十一）　寛政九年（一七九七）
『撰要永久録』（東京市史稿産業篇七）　延宝七年（一六七九）
『川柳雑俳集』日本名著全集　昭和二年（一九二七）
『川柳食物事典』山本成之助　牧野出版　昭和五十八年（一九八三）
『川柳大辞典』大曲駒村編　高橋書店　昭和三十年（一九五五）
『川柳風俗志』西原柳雨編　春陽堂　昭和五十二年（一九七七）
『雑司ヶ谷記行』十返舎一九　文政四年（一八二一）
『宗長手記』宗長　大永二〜七年（一五二二〜一五二七）
『続江戸砂子』菊岡沾凉　享保二十年（一七三五）
『俗つれづれ』井原西鶴　元禄八年（一六九五）
『大千世界楽屋探』式亭三馬　文化十四年（一八一七）
『宝井其角全集』石川八朗等編　勉誠出版　平成六年（一九九四）
『宝船桂帆柱』十返舎一九作・歌川広重画　文政十年（一八二七）
『唯心鬼打豆』山東京伝　寛政四年（一七九二）
『たねふくべ』三友堂益亭　天保十五〜弘化五年（一八四四〜四八）
『たべもの史話』鈴木晋一　小学館ライブラリー　平成十一年（一九九九）
『多門院日記』英俊等　文明十〜元和四年（一四七八〜一六一八）
『忠臣蔵前世幕無』山東京伝　寛政六年（一七九四）
『重宝録』編者不詳　幕末期
『塵塚談』小川顕道　文化十一年（一八一四）

『珍説豹の巻』鼻山人　文政十年（一八二七）
『貞操園の朝顔』松亭金水　江戸末期
『貞徳狂歌集』松永貞徳作・菱川師宣画　天和二年（一六八二）
『天保撰要類集』旧幕府引継書　国立国会図書館蔵
『東海道中膝栗毛』十返舎一九　享和二〜文政五年（一八〇二〜二二）
『東海道四谷怪談』四世鶴屋南北　文政八年（一八二五）
『東京酒問屋沿革史』横地信輔編　東京酒問屋統制商業組合　昭和十八年（一九四三）
『東京風俗志』平出鏗二郎　明治三十四年（一九〇一）
『道聴塗説』大郷良則　文政八〜十三年（一八二五〜一八三〇）
『豆腐百珍』醒狂道人　天明二年（一七八二）
『洞房語園』庄司勝富　享保五年（一七二〇）
『当流節用料理大全』四条家高島　正徳四年（一七一四）
『兎園小説余禄』滝沢馬琴　天保三年（一八三二）
『徳川禁令考』（前集第五）石井良助編　創文社　昭和三十四年（一九五九）
『徳川禁令考』（後集第四）石井良助編　創文社　昭和三十五年（一九六〇）
「徳川実紀六篇」『国史大系』黒板勝美等編　吉川弘文館　昭和四十年（一九六五）
『屠竜工随筆』小栗百万　安永七年（一七七八）
『灘酒沿革誌』神戸税務監督局　明治四十年（一九〇七）
『七癖上戸』式亭三馬　文化七年（一八一〇）
『七不思議葛飾譚』二世柳亭種彦作・二世歌川国貞画　元治二年（一八六五）
『日欧文化比較』ルイス・フロイス　天正十三年（一五八五）
『日本教会史』ロドリーゲス　元和八年（一六二二）頃

『日本山海名産図絵』蒹葭堂木村孔恭　寛政十一年（一七九九）
『日本縄文時代食糧総説』酒詰仲男　昭和三十六年（一九六一）
『日本酒』秋山裕一　岩波新書　平成六年（一九九四）
『日本食志』小鹿島果　明治十八年（一八八五）
『日本農書全集』五十一　吉田元校注・執筆　農山漁村文化協会　平成八年（一九九六）
『日本の酒』坂口謹一郎　岩波新書　昭和三十六年（一九六四）
『日本の食と酒』吉田元　人文書院　平成三年（一九九一）
『年録』（『柳営日次記』）慶長十九～安政六年（一六一四～一八五九）　国立国会図書館蔵
『鼠小紋東君新形』河竹黙阿弥　安政四年（一八五七）
『根南志具佐』天竺浪人（平賀源内）　宝暦十三年（一七六三）
『根無草後編』風来山人（平賀源内）　明和六年（一七八九）
『升鯉滝白旗』二世河竹新七　嘉永四年（一八五一）
『俳諧時津風』尾雨亭果然編　延享三年（一七四六）
『誹風柳多留全集』岡田甫校訂　三省堂　昭和五十一～五十三年（一九七六～七八）
『俳文俳句集』日本名著全集　昭和三年（一九二八）
『幕末御触書集成』石井良助・服藤弘司編　岩波書店　平成六年（一九九四）
『幕末百話』篠田鉱造　明治三十八年（一九〇五）
『葉桜姫卯月物語』東里山人　文化十一年（一八一四）
『芭蕉以前俳諧集』大野洒竹編　明治三十年（一八九七）
『芭蕉句集』大谷篤蔵・中村俊定校注　日本古典文学大系　岩波書店　昭和四十七年（一九七二）
『芭蕉七部集』白石悌三・上野洋三校注　新日本古典文学大系　岩波書店　平成二年（一九九〇）
『花筐』松亭金水　天保十二年（一八四一）

『花暦八笑人』滝亭鯉丈等　文政三〜嘉永二年（一八二〇〜一八四九）
『花東頼朝公御入』山東京伝　寛政元年（一七八九）
『花の下物語』長二楼乳足　文化十年（一八一三）
『早道節用守』山東京伝　寛政元年（一七八九）
『時花兮鸚茶曾我』芝全交作・北尾重政画　安永九年（一七八〇）
『春帒』多倉太伊助　安永六年（一七七七）
『万金産業袋』三宅也来　享保十七年（一七三二）
『ひともと草』鶯谷市隠編　文化三年（一八〇六）
『風俗八色談』卜々斎　宝暦六年（一七五六）
『風俗文選』五老井許六　宝永三年（一七〇六）
『風俗遊仙窟』寸木主人編　寛延二年（一七四九）
『富貴地座位』悪茶利道人　安永六年（一七七七）
『武江産物志』岩崎常正　文政七年（一八二四）
『物類称呼』越谷吾山編　安永四年（一七七五）
『婦美車紫鹿子』浮世偏歴斎道郎苦先生　安永三年（一七七四）
『麓の色』大田南畝　明和五年（一七六八）
『古朽木』朋誠堂喜三二　安永九年（一七八〇）
『放蕩虚誕伝』変手古山人　安永四年（一七七五）
『邦訳日葡辞書』イエズス会編・土井忠生等編訳　慶長八年（一六〇三）
『宝暦現来集』山田桂翁　天保二年（一八三一）
『北雪美談時代加賀見』為永春水等　安政二〜明治十五年（一八五五〜一八八二）
『堀之内詣』十返舎一九　文化十一年（一八一四）

『本草綱目啓蒙』小野蘭山　享和三〜文化三年（一八〇三〜〇六）
『本朝食鑑』人見必大　元禄十年（一六九七）
『本朝世事談綺』菊岡沾凉　享保十九年（一七三四）
『真佐喜のかつら』青葱堂冬圃　江戸末期
『松の落葉』藤井高尚　文政十二年（一八二九）
『見た京物語』木室卯雲　明和三年（一七六六）
『耳袋』根岸鎮衛　文化十一年（一八一四）
『むさしあぶみ』浅井了意　万治四年（一六六一）
『无筆節用似字尽』曲亭馬琴作・歌川国芳画　寛政九年（一七九七）
『守貞謾稿』（『近世風俗志』）喜田川守貞　嘉永六年（一八五三）
『柳樽七篇』積翠道人　弘化三年（一八四六）
『誹風柳多留拾遺』山澤英雄校訂　岩波文庫　昭和四十二年（一九六七）
『大和本草』貝原益軒　宝永六年（一七〇九）
『夕涼新話集』参詩軒素従編　安永五年（一七七六）
『よしの冊子』水野為永　文政十三年（一八三〇）
『世のすがた』瀬川如皐　天保四年（一八三三）
『世上洒落見絵図』山東京伝　寛政三年（一七九一）
『俚言集覧』太田全斎　寛政九年頃（一七九七）
『料理網目調味抄』嘯夕軒宗堅　享保十五年（一七三〇）
『類柑子』其角著・沾州等編　宝永四年（一七〇七）
『類集撰要』旧幕府引継書　国立国会図書館蔵
『六あみだ詣』十返舎一九　文化八〜十年（一八一一〜一三）

『我衣』加藤玄悦（曳尾庵）　文政八年（一八二五）
『和漢三才図絵』寺島良安　正徳二年（一七一二）
『和合人』初編　滝亭鯉丈　文政六年（一八二三）
『わすれのこり』四壁庵茂蔦　天保末年頃
『笑嘉登』立川銀馬　文化十年（一八一三）

本書は「ちくま学芸文庫」のために新たに書き下ろしたものである。

ちくま学芸文庫

# 居酒屋《いざかや》の誕生《たんじょう》　江戸《えど》の呑《の》みだおれ文化《ぶんか》

二〇一四年八月十日　第一刷発行
二〇二四年六月十日　第七刷発行

著者　飯野亮一（いいの・りょういち）

発行者　喜入冬子
発行所　株式会社　筑摩書房
東京都台東区蔵前二―五―三　〒一一一―八七五五
電話番号　〇三―五六八七―二六〇一（代表）
装幀者　安野光雅
印刷所　株式会社加藤文明社
製本所　株式会社積信堂


ISBN978-4-480-09637-1 C0121